Catedral de León.
Con los ojos ajenos

Javier García-Prieto

EOLAS
ediciones

«Viajar, no es solo cambiar de paisaje es, sobre todo, cambiar de mirada»

Marcel Proust

Índice

Richard Ford

George Borrow

Andrew Leith-Hay

Elizabeth A. Le Blond

Albert Calvert

Gestrude Bone

Francis Elliot

Jane Leck

George E. Street

William W. Collins

Walter Starkie

Anne Mustoe

Edwin Mullins

Georgiana G. King

Edith Warton

Katherine Lee Bates

Elizabeth Boyle

Ruth Kedzie

Magde Macbeth

John Gade

Harry A. Frank

James Michenner

Francesco V. Pojero

Hans Gadow

Hape Kerkeling

Antonio de Figueiredo

Miguel Torga

Joaquím Mª Palma

Ambrosio de Morales

Francisco de Úbeda

Francisco de Paula

Tirso de Olazábal

Ricardo Becerro de Bengoa

José Mª Aguirre y Escalante

Acacio Cáceres

Julio Cejador

Joaquín de Ciria

Nicolás Rivero

José Pin y Soler

Armando Cotarelo

Ángel Pulido

Saturnino Calleja

Emilia Pardo Bazán

León Roch

Alfonso Pérez Nieva

Mario Roso de Luna

Víctor de la Serna

José García Mercadal

Edgar Neville

Eugenio Nadal

Álvaro Ruibal

Luis Menéndez-Pidal

Mª Elena Gómez-Moreno

Pablo Arribas

Antonio Ponz

José Mª Quadrado

Manuel Gómez Moreno

Claudio Sánchez-Albornoz

Pere Corominas

José Sánchez Rojas

Eugenio Montes

Azorín

Miguel de Unamuno

Josep Plá

Federico García Lorca

Antonio Machado

Ramón Mª del Valle-Inclán

José Moreno Villa

Enrique Rivas

Mauricio Baccarisse

Diego Jesús Jiménez

Juan Carlos Rodríguez Búrdalo

Dasso Saldívar

Gregorio Morán

Miguel Barrero

Nativel Preciado

Mª José Solano

Fernando García de Cortázar

Nota previa

En 1984, junto a Roberto Escudero, amigo, maestro y compañero publicamos un libro de viajes titulado «Viajes y viajeros por tierras de León», el primero en su género, que aborda de forma ordenada y sistemática la visión de algunos viajeros, nacionales y extranjeros, sobre la provincia de León. En la introducción del mismo, se exponen algunas de las características que definen tanto a las diferentes tipologías del viaje como a los distintos perfiles y circunstancias de los viajeros.

Hoy, cuarenta años después, sale a la luz una breve publicación concebida con el mismo interés y vocación que la obra mencionada pero con un contenido más acotado y específico como es la catedral de León y en esta nota introductoria parece conveniente también reseñar esas breves consideraciones metodológicas alusivas a los textos de viaje, a la propia condición que define a los viajeros y a las diferentes motivaciones y preferencias que manifiestan en sus relatos.

Los libros de viaje, en su concepto más amplio, constituyen reflexiones motivadas por la percepción de sus autores sobre realidades, hechos o circunstancias derivadas de un desplazamiento espacial y temporal. Convencionalmente, se han establecido distintas clasificaciones atendiendo a la naturaleza, a la forma y a los contenidos de las diferentes publicaciones de viajes sin establecer una frontera excesivamente rígida entre las diversas tipologías, toda vez que, en muchas ocasiones, los textos de viaje admiten más de una perspectiva, participan de elementos comunes y contienen referencias homologables entre los diferentes ámbitos de análisis.

En primer término, cabe establecer una distinción ontológica entre los denominados textos factuales y los textos ficcionales. Los primeros corresponden a materiales que contienen descripciones sustentadas en realidades verificables, generalmente de carácter paisajístico, histórico, social, económico y cultural. Los segundos, por el contrario, recogen impresiones subjetivas dónde la ficción alcanza categoría sustantiva. Se puede introducir, por tanto, una doble perspectiva en los libros de viaje. De un lado, una orientación descriptiva a la que debe suponerse mayor objetividad y, de otro, una visión más personal o narrativa dónde la interpretación de los hechos aparece necesariamente condicionada y determinada por factores subjetivos.

Sin embargo, en una gran mayoría de las publicaciones de viajes los contenidos descriptivos y los narrativos se entrecruzan y superponen hasta el extremo de dificultar notablemente una separación nítida entre ambas esferas. También, en muchas ocasiones, interviene un tercer elemento que responde a las lecturas y conocimientos previos que de una realidad concreta tienen los diferentes autores.

Es sabido que muchos viajeros decididos a dejar testimonio escrito de sus desplazamientos procuran documentarse, a veces profundamente, sobre las características de la realidad que quieren conocer y ello, con mucha frecuencia, genera numerosas situaciones de paratextualidad y de intertextualidad e incluso, a veces, de plagio descarado de la obra de autores precedentes.

Desde una óptica convencional, cabe también distinguir los libros de viaje en función de sus características formales. De esta manera se podrían señalar los textos cronológicos (diseñados como relatos secuenciales del viaje) o los libros por etapas (concebidos como un itinerario fragmentado en distintas secuencias espaciales y/o temporales), los artículos de prensa que pueden, en muchos casos, constituir, posteriormente, una publicación unitaria, los diarios personales, los informes y encargos que se pueden solicitar a un autor y que frecuentemente corresponden a textos de carácter económico, técnico o científico y, por último, también las biografías y autobiografías de los autores. Si bien la mayoría de los autores de libros de viaje, excepto los correspondientes a los especialistas, no tienen una única motivación ni un solo objetivo en sus desplazamientos, sí puede afirmarse, al menos, la existencia de una predilección por aspectos parciales de una realidad que procuran subrayar.

Otra cuestión que debe plantearse en el análisis de los libros de viaje es saber quiénes son los viajeros y cuáles son sus motivaciones. Cierto es que la primera pregunta que debe formularse es si el viajero tiene la voluntad de expresar por escrito el testimonio de su viaje y, por tanto, acepta de antemano un ejercicio previo de reflexión que comporta racionalizar, sistematizar y ordenar la realidad que observa. En este caso, el viajero, por consiguiente, está realizando una tarea intelectual que implica, de hecho, un intento consciente de interpretación de una realidad concreta.

También, debe señalarse la capacidad de observar y, en consecuencia, también de sorprenderse. El que viene de fuera se encuentra con una realidad extraña a sus ojos, con unos paisajes, una cultura y una sociedad distinta a la suya y, justamente, ello le confiere la capacidad de captar contrastes que frecuentemente pasan desapercibidos para quienes viven inmersos en su propia cotidianeidad. Por ello, el viajero se sitúa en una posición privilegiada para objetivar sus percepciones y este es, justamente, el otro elemento consustancial al conocimiento científico. Ambas cuestiones, por tanto, objetividad y capacidad de reflexión, confieren a los textos de los viajeros un especial interés para el investigador. También los viajeros forman un grupo extraordinariamente heterogéneo y plural. La diferencia, en primer lugar, radica en su propia condición personal, con diferentes talantes, procedentes de diferentes culturas y con distintas prioridades de interés.

La mirada de los viajeros se detiene en aquello que con más fuerza llama su atención de acuerdo con sus propias preferencias y en sus textos se advierte, con claridad, en cada autor el énfasis con que abordan sus relatos. De esta manera, algunos subrayan una visión etopéyica del viaje (descripción de las personas, su carácter, sus costumbres), otros señalan las características prosográficas (fijan su atención en el físico de sus individuos), otros resaltan los componentes pragmatográficos del viaje (descripción de objetos, sujetos... etc.) y, finalmente, los más numerosos, ponen el acento en el ámbito topográfico, es decir, los lugares que recorren y sus paisajes.

Igualmente, el propio objeto del viaje constituye un factor de diferenciación. Los elementos que motivan el viaje inspiran necesariamente un sello específico a cada relato. También, por último, el tiempo actúa como ineludible elemento diferenciador. Cada viajero se debe a su época y cada relato es el testimonio de un instante en la historia de una realidad.

Los testimonios de viaje alusivos a la catedral de León, contemplados en esta publicación, constituyen una extensa nómina de relatos de muy diferente factura y naturaleza. Un primer criterio de selección consiste, justamente, en establecer la condición de viajero. Es decir, en el caso que nos ocupa, debe ser alguien que no sea natural de León y que carezca de vínculos, al menos estables y prolongados, con el territorio leonés. Un segundo criterio viene motivado por el origen y la procedencia de los viajeros. De este modo se agrupan los mismos en viajeros extranjeros y viajeros nacionales. Medio centenar por cada parte. Los primeros, a su vez, por razones de importancia numérica, se han subdividido en viajeros franceses, belgas, británicos, norteamericanos y otros viajeros.

En lo que concierne a los viajeros nacionales, la selección se ha efectuado atendiendo principalmente a consideraciones de afinidad narrativa y cultural. En ambos casos se ha procurado respetar una secuencia dinámica en la presentación de los relatos que facilite una visión temporal más ordenada y precisa. Esta yuxtaposición de testimonios de viaje y su acumulación en el tiempo es lo que permite construir un esquema interpretativo que integre lo que de singular, de diferente, de específico tiene la catedral de León a través de un conjunto de textos tan distantes en el tiempo, tan distintos en su contenido y tan diferentes en sus perspectivas culturales.

La catedral

«Hay ciudades que únicamente, o sobre todo,
son una catedral...»
Andrés Trapiello

Sin duda alguna, la catedral de León es el edificio más visitado, conocido y reconocido por los viajeros a su paso por la capital. A diferencia de las reflexiones realizadas sobre otros espacios leoneses, la mayoría de las miradas sobre la catedral parte de un conocimiento previo, más o menos preciso, sobre el objeto observado. Con independencia del estilo, y de la mayor o menor calidad literaria del contenido de cada uno de los textos seleccionados, existen referencias prácticamente uniformes, tópicos incluidos, sobre las características constructivas, históricas y culturales de la catedral leonesa.

La esbeltez de su fábrica, la cantidad y calidad de sus vitrales, su extrema fragilidad, sus orígenes históricos, sus procesos de reconstrucción y restauración y su similitud con las grandes catedrales góticas francesas, constituyen los elementos comunes de la mayoría de los relatos. Los viajeros extranjeros, especialmente, son mucho más reiterativos

17

en sus observaciones que los nacionales e incluso, en algún caso, parecen copiarse literalmente unos de otros.

Una catedral misteriosa, diferente, sublime para muchos, extraña, para otros, delicada, aérea, desmaterializada, pura y esbelta, grácil y bella, para la mayoría, no pasa desapercibida a los viajeros por León. Mil ochocientos metros cuadrados de vidrieras, ciento treinta y cuatro ventanales y tres grandes rosetones, en su mayor parte, anteriores al siglo XV, es decir gótico puro, y el resto renacentistas del XVI, o neogóticas del XIX, encajadas en la piedra, estallan de luz y de color, cambiantes, en función de los diferentes efectos solares. Como señala el historiador alemán Wiehelm Vorringer, en su magnífica obra «La esencia del estilo gótico», lo común a este tipo de edificaciones es que «actúa como sujeto mímico de una expresión abstracta (…). Extínguese en nosotros el sentimiento de nuestra limitación terrenal y nos sumimos en un movimiento infinito que apaga toda conciencia de las cosas finitas y limitadas (…). El edificio entero se estira en la alegre conciencia de haber quedado libre de todo peso material (…)».

Este fenómeno, de elevado y vigoroso misticismo, es también el que experimentan la mayoría de los viajeros que visita la catedral de León y que, en una visión similar a la expresada por Vorringer, sostiene Ortega y Gasset cuando dice: «El otro día entré en una catedral gótica (…) apenas puse el pie en el interior fui arrebatado de mi propia pesantez sobre la tierra —esta buena tierra donde todo es firme y claro— (…). Súbitamente de mil lugares de los altos rincones oscuros, de los vidrios confusos de los ventanales (...) se descolgaron sobre mí miríadas de seres fantásticos (...), grifos, gárgolas, canes monstruosos, aves triangulares». Esta impresión de Ortega, bien pudiera corresponder a la catedral de León, dadas sus reiteradas visitas a la ciudad, aunque él no se refiera expresamente a la misma. Impresión compartida, como se ha dicho, no solo por muchos viajeros españoles, sino también por una gran parte de los extranjeros.

Desde un enfoque metodológico de naturaleza inductiva, las reflexiones que aportan los relatos de viajes seleccionados reflejan, en buena medida, lo que de singular, de diferente, tiene la catedral leonesa, aquello que, por insólito, impacta con mayor intensidad en la sensibilidad del visitante. Cuando, como se hace en esta publicación, se contrastan las observaciones que a lo largo del tiempo han ido apuntando los viajeros, se configura una secuencia en la que la realidad observada cobra una especie de movilidad propia y acaba ofreciendo una visión distinta y extraordinariamente esclarecedora, por peculiar y diferente.

Yuxtaponer, cronológicamente, como se ha dicho, los aspectos más significativos de estos relatos constituye, en definitiva, un intento de construir —a partir de las visiones incompletas que, individualmente, proyectan los viajeros— esa imagen de la catedral leonesa que, por su carácter singular, no sólo no se desvanece, sino que se va decantando a lo largo del tiempo. Se trata, de algún modo, de inducir, por aproximaciones sucesivas, una imagen global que no proporciona la historiografía convencional, pero que la completa y la enriquece.

Finalmente, subrayar que la extraordinaria heterogeneidad de los textos, la diversidad y procedencia de los autores seleccionados y la extensión del periodo comprendido no sólo no favorecen, como cabría pensar, la configuración de una imagen escindida y dispersa sino que, al contrario, permiten extraer conclusiones generales derivadas de una visión compartida por la mayoría de los viajeros que han visitado el templo leonés.

Viajeros extranjeros

Del medio centenar de viajeros extranjeros seleccionados en esta publicación debe señalarse el interés por la catedral de los viajeros franceses, belgas, británicos y norteamericanos. Ellos, y ellas, constituyen la práctica totalidad de los extranjeros que escriben sobre la catedral, lo que facilita su agrupación por la pertenencia a una misma cultura y permite integrarlos en epígrafes específicos.

Viajeros franceses

No solo la proximidad geográfica explica la presencia de los viajeros franceses en León. Razones de naturaleza política, económica, religiosa y cultural justifican los motivos del viaje y, en el caso de la catedral, existe también un elemento añadido como es el afán comparativo de ésta con sus hermanas francesas. Trece viajeros franceses visitan la catedral: Antoine de Lalaing, Guillermo Manier, Charles Davillier, Blanc Saint-Hilaire, Guillaume Bernard, Gabriel de Saint-Victor, Alexis de Garaude, Eugene de Gallois, Alfred Germond de Lavigne, León Goddard, Emile Begin, Pierre Barret y André Rebsomen.

Antonio de Lalaing, en el año 1502 y, posteriormente, Guillermo Manier, en 1726, ambos peregrinos a Compostela, son de los primeros viajeros extranjeros que dejan testimonio escrito de la catedral de León. El primero, noble y diplomático que acompaña a Felipe el Hermoso, en su primer viaje a España, dice escuetamente:

> En la iglesia catedral de Nuestra Señora de León está ricamente enterrado Ordoño, rey de Castilla y León, alzado y tenido por santo.

El sastre y pícaro Manier, peregrino jacobeo, a su manera, fija su atención en algunos detalles del templo que, para la mayoría de los viajeros, pasan desapercibidos.

> Esta ciudad es obispado. La catedral es bastante hermosa. A la entrada hay un pilar en la puerta y encima está sentado un león, teniendo en su parte derecha un estandarte. En la iglesia hay dos hermosos altares dorados, uno a cada lado. Más adentro, en la iglesia, hay otros dos más pequeños también dorados. Sobre el altar mayor hay como un gran féretro de plata a través del altar, donde en medio hay una pequeña logia como un tabernáculo y encima un santito de plata. Creo que es una urna. Al pie del altar hay cuatro candelabros de plata de cinco pies de alto y gruesos en proporción.
> En medio de la iglesia hay un crucifijo en una cátedra de verdad, donde a sus lados hay cuatro santos, a saber: San Pedro, San Pablo, Santiago

y San Juan, según creo; pero este santo, con Santiago, están agarrados al pie de la cruz.

A la izquierda, entrando, hay un San Cristóbal, en pintura, llevando a Jesucristo sobre sus hombros, con una palma en la mano, de siete pies de alto. A la derecha, en alto, al entrar, hay un reloj que es golpeado por un santo pequeño con un martillo. El cuadrante marca las veinticuatro horas al punto. En el tesoro se ven hermosas reliquias.

Sin embargo, será el siglo XIX el que concentre la mayor parte de los visitantes franceses a la catedral. Así, el escritor e historiador Charles Davillier, experto en arte, que viaja a España en 1862 acompañado del gran pintor e ilustrador Gustavo Doreé, rebaja el crédito de la catedral leonesa al señalar que su fama le parece exagerada y la sitúa por debajo de la de Burgos y de la francesa de Ruan.

Nos atrevemos a confesar que hemos encontrado la fama de la catedral de León un poco exagerada. Es inferior a la de Burgos y Saint-Ouen, de Ruan. No deja de ser, sin embargo, una notable muestra de la época más bella del arte ojival. Unas reparaciones importantes, comenzadas desde hace tres años y que probablemente durarán algún tiempo todavía, desfiguran actualmente el interior del monumento. Las vidrieras, que datan del siglo XIII, son de gran belleza.

León tenía antiguamente hábiles escultores muy adelantados en el arte de talla en madera, como lo atestigua una preciosa puerta gótica del claustro que da paso a la catedral y otra en la fachada.

La escritora, lingüista y traductora Blanc Saint-Hillaire, que visita León a mediados del siglo XIX, opina, sin embargo, que la catedral, por su perfección constructiva, es uno de los monumentos más bellos del mundo.

> La catedral es la maravilla de León. Destaca entre todas las demás no por su grandeza, sino por la perfección de su construcción (…)
> Una se pregunta como estos pilares de treinta y cinco metros de largo pueden resistir las ráfagas de viento (…)
> La catedral representa el más sublime espectáculo de la combinación de arte y fantasía con la admirable ligereza de su estructura. Su altura, su originalidad, hacen de esta iglesia uno de los más bellos monumentos que pueden verse (…)
> La puerta principal mira hacia el oeste, tiene cinco bellos arcos ojivales y en sus pilares hay más de cuarenta estatuas que forman un pórtico (…)

De la misma opinión participan, con breves referencias, el escritor y clérigo Guillaume Bernard y el político y diplomático Gabriel de Saint-Victor.

Bernard, señala:

La catedral de León es muy superior a la de Palencia y no desmerece en nada a la de Burgos o a la de Toledo. (…)
Es el modelo por excelencia del arte ojival en España. Ochenta metros de largo, cuarenta de ancho, sesenta de altura (…) grandes ventanas de vidrio (…) extraordinarias columnas fusiformes (…) claustros inmensos.

Saint-Victor, por su parte, escribe:

Sin despreciar a Burgos y Toledo y a sus catedrales góticas, la catedral de León nos parece más bella todavía, más sublime, más pura de estilo, más digna, en una palabra, de ser considerada como el modelo del arte ojival en España (…)

Con anotaciones muy similares escriben, en la segunda mitad del siglo XIX, sobre la catedral, el músico, escritor y compositor Alexis de Garaudé; el pintor, fotógrafo y viajero Eugene de Gallois, el escritor Germond de Lavigne y el clérigo e historiador Leon Goddard.

El primero comenta:

La catedral de León pasa por ser una de las más bellas de España (…) Vista desde la plaza su fachada, sus tres puertas llenas de esculturas, sus esbeltas torres constituyen uno de los más bellos monumentos de la arquitectura gótica por la ligereza de su estructura, su gran altura y las justas proporciones que presenta. El interior también es extraordinario por sus bellas vidrieras de colores, sus retablos, sus coros y sus impresionantes tumbas que recogen treinta y siete reyes, un emperador y cantidad de santos.

Eugene de Gallois, por su parte, señala:

> Un poco más al norte todavía, está León, con su bella catedral ojival, justamente reputada como la más elegante de las catedrales españolas. Tanto en el interior como en el exterior, todo es esbelto, profundo y sutil, especialmente sus magníficas vidrieras. Tiene un coro con bellísimos retablos y tumbas muy antiguas. (…)

En la misma época, el escritor, hispanista y traductor Germond de Lavigne sitúa a la catedral leonesa como una de las mejores del mundo en su género.

> El monumento más importante es su catedral. Los poetas y los historiadores resaltan su respeto y admiración por esta magnífica iglesia y nosotros debemos decir que se lo merece. Unos la denominan Pulcra Leonina, otros dicen que es como el fénix, sola y única, sin parecido ni en España, ni en Italia, superior incluso al Duomo de Milán (…)
> La fachada principal se compone de cinco bellos arcos en ojiva, formando con sus pilares un

pórtico adornado con numerosas esculturas y estatuas. (...)

Los pilares del interior, sus delicadas columnas, son de una sutileza y una ligereza extraordinarias (...)

La iglesia tiene más el aspecto de un convento que de un templo; el exterior contiene la impronta de dos épocas, la de su construcción y la de su restauración; puertas y ventanas semicirculares y arcos dobles o triples sostenidos por columnas redondas (...)

También, León Goddard, en una extensa obra ilustrada por el famoso grabador Gustavo Doré, ensalza a la catedral como el mejor monumento construido en la Edad Media.

La catedral de León, una obra maestra del arte gótico, construida en el siglo XIII, por el obispo Manrique, que supera a todos los monumentos de la Edad Media por la delicadeza de su obra y la finura de su ornamento (...)

Con más profundidad y mayor amplitud de detalles el médico, historiador y bibliotecario Emile Begin, dice:

Este edificio impresionante comenzó a construirse hacia el año 1.199; es una de las iglesias más elegante, delicada y de las más esbeltas de España. Uno puede imaginarse que está dentro de una basílica inglesa, pero yo pienso más bien que estoy ante una basílica normanda (...) Ochenta metros de largo, cuarenta de ancho y sesenta de altura, una gran puerta coronada por tres torres distintas en forma y en tiempo, vidrieras pintadas de colores, una construcción de extraordinaria riqueza ornamental, claustros inmensos (…)

Una iglesia resplandeciente, donde la gente asiste de noche y de día a contemplar los santos misterios, a la luz de los rayos de sol y los rayos de luna en una coloración fantástica, y allí están todas las vírgenes, los ángeles, los apóstoles, los reyes, los obispos, los mártires (…)

Finalmente, y ya en el siglo XX, los periodistas, viajeros y escritores Pierre Barret y André Rebsomen hablan de la catedral. El primero escribe:

(…) ¡Qué contraste, en León, y que reposo! Quizá porque la catedral tiene el aire familiar de las de Reims, Amiens y Beauvais, en esta ciudad nos sentimos como en nuestra casa y comprendemos hasta qué punto el «camino» nos enlaza todavía a Francia: no ha conservado en balde su viejo nombre de camino francés.

Rebsomen, por su parte, comenta:

Me inclino ante la delicada y sonriente estatua de Nuestra Señora la Blanca, con los colores desteñidos por el tiempo y entro en la iglesia confundido ante la esbeltez y ligereza de su construcción.

Todo el conjunto parece sostenido por esbeltas columnas petrificadas. Y como la belleza del trabajo de la piedra no le pareciera suficiente al arquitecto, la llena de vidrieras y colores. Ciertamente el gótico tiene aquí el más perfecto y armonioso exponente (...)

Cinco viajeros belgas

En diferentes épocas, y con perfiles muy diferentes entre sí, cinco viajeros belgas visitaron la catedral. Juliette de Robersart, Joseph Melot, Gerard Van Caloen, Albert T'Serstevens y León Degrelle.

La escritora Juliette de Robersart, en 1877 y, algún tiempo más tarde el diplomático Joseph Melot, consejero cultural de su embajada en España, coinciden ambos en sus visitas con procesos de reconstrucción y restauración en la catedral y señalan, aunque con impresiones diferentes, su visión del templo en obras. La primera, describe con asombro y desazón, las escenas de un supuesto abandono y negligencia en las actuaciones de rehabilitación mientras que el segundo, por el contrario, parece encontrar en los trabajos de consolidación de las naves la esencia de una catedral descargada de ornamentos. Dice Robersart:

La catedral. ¡Oh sorpresa! Los santos que debían estar en sus pedestales, estaban por tierra, una torre derrumbada, las vidrieras están almacenadas, las escaleras y los andamios esconden este desastre (...)

Melot, hombre profundamente religioso, describe con mejor literatura, las sensaciones que le produce el templo:

El alma de esta pequeña ciudad, cargada de recuerdos gloriosos, es su catedral y su corazón es la colegiata de San Isidoro (...) La catedral de León es algo magnífico (...) simboliza el renacimiento de una fe, de una raza y de un reino. Qué pureza de sus líneas, que ligereza aérea, desprovista de ornamentos. Parece, ciertamente, la señal de una oración que sale de un corazón iluminado, del alma que huye de una larga esclavitud (...) La catedral de León es muy bella, porque sin decoraciones superfluas, ofrece la percepción de unas formas ideales. La de Salamanca es la fuerte, porque está construida como una fortaleza y sus murallas forman parte de la defensa de la ciudad. La catedral de Toledo era la rica, porque los reyes, los prelados y el pueblo habían depositado allí todas las obras de arte, de orfebrería, de pintura y de escultura dónde las almas piadosas las veneran. Finalmente, la catedral de Sevilla con sus naves inmensas bajo la torre de la Giralda, es la grande.

Cuando visité la catedral de León, el interior estaba en obras de consolidación de sus naves y desprovista de ornamentos. Esta inmensa soledad de piedra resaltaba todavía más la esbeltez de sus columnas góticas. La majestad desnuda de su cúpula y de su claustro era emocionante. Parece como si la ciudad entera estuviera levantada hacia el cielo, por las torres de la catedral cargadas de tantos sentimientos, de tantas oraciones, de tantas lágrimas y de tantos siglos.

Algunos años más tarde, el escritor e historiador Gerard Van Caloen comenta:

¡Pulcra Leonina! Esta expresión proverbial se emplea propiamente para la catedral, pero se podría aplicar a toda la ciudad. El aire de calma y de paz que se respira sienta bien al corazón y denota todavía que hay ciudades en el mundo de costumbres sencillas y cristianas donde la búsqueda de la felicidad radica en la vida familiar y no en el ansia febril detrás del oro y el placer (...)

Podría describirles la catedral. El proverbio me ayuda, porque en España hay cuatro grandes catedrales: Sevilla en grandeza, Toledo en riqueza, Compostela en fortaleza y León en gentileza (...)

(...) Dos enormes andamios cubren completamente el interior del edificio y el exterior está también enteramente cubierto. Se ha confiado su restauración a un arquitecto inglés que tiene que resolver con talento un trabajo tan difícil y delicado. Esperemos que de aquí a unos años la bella catedral de León volverá al culto diario y que algunos días bajo su nuevo aspecto, España también sea restaurada y renovada. Como ella.

El escritor y viajero Albert T'Serstevens, belga nacionalizado francés, visita León en dos ocasiones. La primera, en 1936 coincidiendo con el principio de la Guerra Civil Española. De ese primer viaje emite una impresión ciertamente negativa sobre la catedral que contrasta, profundamente, con la expresada en su segundo viaje, dos años más tarde.

> Refunfuñando, como todo buen francés, nos dirigimos a la catedral por callejuelas zigzagueantes, por donde no se ve ni un alma, solo banderas blancas en todas las ventanas. ¡La catedral! ¡Por fin!
> Demasiado restaurada, desamparada en medio de jardines públicos, con el alma ausente. La fachada recuerda a la de Burgos, pero sin esbeltez, paticorta como muchos españoles. Pórtico con estatuas como las de Reims o Bourges, un poco pesadas. Pequeños campanarios, toscos. Pátina limpia …
> (…) Dos años más tarde volveríamos para ver pasear a gusto bajo las ojivas de la catedral, por otra parte muy bella y que compensaría el nuevo viaje por sus retablos, forjados y sus vidrieras.

Finalmente, el dirigente totalitario belga, Leon Degrelle, general en el ejército nazi durante la Segunda Guerra Mundial y exiliado en España al finalizar la misma, escribe con apasionamiento y buena literatura sobre una catedral a la que según confiesa, visitó diez veces durante su estancia en la ciudad.

¿Y la Catedral?

Por fin llego. Muy bonita e imponente, del estilo de la de Reims, con dos torres desiguales, una del gótico primitivo y la otra del gótico flamígero.

Pero la cuestión no estaba aquí: fue el deslumbramiento de los colores desde que traspasé el umbral de la pequeña puerta acolchada.

Esta catedral es una vidriera fantástica: por todas partes prodigiosos vitrales antiguos con los azules casi negros, con los rojos casi granates, pero cálidos, armoniosos: con los amarillos que parecen arrancados al sol, los verdes graves, sin nada de lo deslucido y de los oropeles de las vidrieras modernas. Lo que me ha dejado estupefacto es el carácter aún más escultural que pictórico, de las vidrieras de la Edad Media, diseñados con gruesos trazos como todos los tapices antiguos, los verdaderos, también en esta ocasión: se ofrecen a la vista como tallados en bloques de colores relucientes: en cada uno de esos santos góticos me parecía estar viendo mucho más que una pintura, más bien eran una estatua transparente de una sutileza completamente penetrada, exaltada por el fuego de sus azules, de sus verdes, de sus oros, de sus rojos. Estaba atónito, deslumbrado.

¡Y la pureza de las ojivas! Las inmensas ojivas de la época más bella, sin florituras lanzadas como chorros de agua, finas y ligeras como tales. ¡y el color de la piedra de la Catedral de León! Rosa, si, verdaderamente rosa, un rosa grave (el rosa es a menudo tan pálido, tan difuso...) un rosa donde encuadraban como dos alamedas de flores milagrosas, las dos hileras de vitrales. Detrás, y por delante, cuatro margaritas inmensas, de las que brotan, en rojos vibrantes, los cuatro rosales con pétalos indescriptibles, en el extremo de los dos brazos, del negro de la piedra, vista a contraluz de un negro aterciopelado.

No sabía cuándo irme. He vuelto diez veces. La mitad del tiempo que pasé en León lo pasé en la catedral, atraído y fascinado por tanta belleza.

Viajeros británicos

Los británicos son, probablemente, los ciudadanos más viajeros de todos los europeos y además los que con mayor énfasis han considerado el viaje como una fuente de conocimiento y han dotado a sus textos de una utilidad práctica no desdeñable. Visitan España, especialmente, a partir del siglo XVIII y durante el extenso período ilustrado acentúan la imagen de un país atrasado, empobrecido, cerrado al progreso y muy distante del conjunto de países del resto de Europa.

Los textos de los viajeros británicos, especialmente críticos con la realidad española del momento, salvo algunas notables excepciones, han sido, en muchas ocasiones, infravalorados como fuentes documentales rigurosas y objetivas y tachados de parciales e interesados al poner de relieve los tópicos más conocidos de la sociedad española y ocultar, por el contrario, los aspectos más positivos de la evolución social, económica y cultural de España durante el periodo de la Ilustración. Lo curioso, sin embargo, es que los pensadores ilustrados españoles, en su gran mayoría, y más tarde los regeneracionistas, participan de la misma opinión de los británicos al exagerar las deficiencias estructurales y el retraso secular de España con respecto a los países europeos más avanzados. Con todo, la catedral de León no sale mal parada.

Diecisiete viajeros británicos visitaron la catedral de León, a lo largo de los siglos XVIII, XIX y XX: John Lomas, Josep Towsend, Alexander Hoskins, Lady Tenison, Richard Ford, George Borrow, Andrew Leith-Hay, Elizabeth Aubrey Le Blond, Albert Calvert, Gertrude Bone, Frances Elliot, Jane Leck, George E. Street, William W. Collins, Walter Starkie, Edwin Mullins y Anne Mustoe.

El escritor, hispanista, viajero y gastrónomo John Lomas viene a León en el año 1780 y sitúa a la catedral como una de las mejores del gótico español.

La catedral ha sido reconstruida recientemente (...) Es una de las obras más soberbias del arte

35

gótico en España (…) Es nítidamente francesa en estilo y diseño, que uno podía imaginarse estar en Normandía, Picardía o Turena. Y al igual que las iglesias francesas, la catedral tiene la apariencia de haber pasado por siglos de vida agitada sin querer ser la mejor ni la peor.

Las líneas de su dibujo son exquisitamente alegres y armoniosas, la sencillez del conjunto está bien conservada, está dotada desde sus comienzos de preciosas obras de arte (…)

El clérigo, filósofo y médico londinense J. Townsend, recorre España durante los años 1786 y 1787. Excelente observador y analista riguroso, alaba la belleza de la catedral y cuenta una anécdota sobre determinadas prácticas «de comportamiento» dentro del templo.

La catedral es justamente admirada por su ligereza y su elegancia. Es de una estructura gótica, con un alto campanario muy bien acabado. No solamente tiene adornos en bajorrelieve, sino también trabajados en el altorrelieve, que dejan pasar la luz; son bellísimos en su género y se parecen al encaje más fino o a la filigrana. Las vidrieras son todas de vidrios pintados.

Cuando salí de la catedral comprendí que había cometido alguna irreverencia, pues nuestro viejo canónigo, que siempre me había recibido sonriendo, me miraba como horrorizado, y mi joven amigo me trataba fríamente. He aquí el hecho en dos palabras. Había hendido mi uña, sacado por inadvertencia mi navajita y, al pasearme la corté; aunque me hubiese dado cuenta de lo que hacía jamás hubiese creído que personas que escupen sin el menor cuidado en sus iglesias pudiesen sentirse ofendidas de mi acción; pero antes de mi regreso al alojamiento se había y informado de ello al buen anciano, que se había estremecido; sin embargo, después de mi solemne declaración de que no había creído cometer una irreverencia, se tranquilizó un poco, y al cabo de algunos momentos volvió a recobrar su sonrisa acostumbrada.

El escritor, viajero, crítico de arte y excelente acuarelista George Alexander Hoskins visita España, a mediados del siglo XIX, especialmente interesado por visitar las pinacotecas más importantes del país. Contrapone la grandeza de la catedral a la depauperada situación de la sociedad leonesa de la época.

> (...) La gloria y el orgullo de León es su catedral, iniciada allá por el año 1200 por el obispo Manrique de Lara. Sorprende observar este espléndido edificio, uno de los más bellos templos del gótico temprano existentes en el mundo y que además está situado en una desdichada y miserable ciudad de poco más de cinco mil depauperados habitantes. Su asombrosa magnificencia parece un insulto a la extrema pobreza de sus gentes y uno no puede dejar de pensar que sus supuestos

privilegios y tributos no solo han vaciado las bolsas de sus gentes sino que se han aprovechado incluso de la sangre, de los huesos y de la médula de una población empobrecida que podría vivir abundantemente durante una semana con un solo cristal de alguna de las innumerables y magníficas vidrieras que adornan este templo.

(...) La fachada es muy bella pero las dos hermosas torres cuadradas requieren agujas más altas y elegantes que las que hay ahora (...) El interior de la iglesia es el más sublime y bello de todas las catedrales del mundo (...)

La escritora y pintora Lady Tenison (seudónimo de Luisa. A. Anson) visita León en el otoño de 1851, procedente de Valladolid en un viaje que realiza en diligencia. A la catedral la sitúa en el centro de interés de la ciudad y distingue lo que, a su juicio, supone una imagen decepcionante del exterior con la belleza y misticismo que ofrece el interior.

La catedral es aquí el principal objeto de interés. Después de haber visto Burgos, el exterior resulta decepcionante, las grandes torres de piedra de color están coronadas por agujas que no alcanzan la suficiente elevación. (...) El interior es encantador y esa sensación aumenta a medida que uno se adentra en él para permanecer sin rival en cuanto elegancia y luminosidad (...) Es un milagro de la arquitectura y (...) uno no tiene la impresión suficiente de la ligereza de sus muros que nos hace preguntarnos como puede haber aguantado este edificio tanto tiempo en este tormentoso clima (...) En León, el corazón mira hacia arriba y las bellas columnas y variadas ventanas le hacen pensar en el culto a un Dios de la paz y del amor.

El gran escritor, hispanista, viajero y gran observador Richard Ford, que dedica a la provincia de León centenares de páginas en su obra de viajes por España, vierte una severa crítica sobre las obras de restauración realizadas en el templo y culpa a los responsables del cabildo de tales actuaciones.

El orden inferior de ventanas ha sido cegado con ladrillos y pintado con figuras y volutas en un pobre chiaro oscuro académico, probablemente copia de las antiguas ventanas pintadas. El edificio en su estado original, tiene que haberse levantado en el aire como un majestuoso invernadero, superando con mucho a la iglesia abacial de Bath (...)

El interior ha sido bárbaramente enjalbegado y los capiteles de los entrepaños con ese tono nanquir a lo Wyat, con que también está embadurnada nuestra catedral de Salisbury (...) El trascoro está esculpido en alabastro blanco y oro con figuras pintadas de una calidad cérea. Los temas son la Anunciación, que es la mejor, la Natividad, la Adoración y la Ofrenda de los tres Reyes, y su riqueza, digna de Berruguete es indescriptible pero el efecto del segundo queda mermado por una puerta de madera que han puesto allí los bárbaros canónigos por su comodidad y que desencaja la composición. En 1738, el cabildo quitó el retablo antiguo y erigió el actual fricassée de mármol —El Transparente— que en absurdo y costoso rivaliza con su modelo toledano (...) Esta mamarrachada fue hecha por Narciso y Simón Gavilán Tomé, secuaces del heresiarca Churriguera. Hay pocas catedrales en las que el mal gusto de los modernos cabildos y deanes españoles haya tenido complacencias más perniciosas.

En 1837, viene a León el escritor y viajero George Borrow, «Don Jorgito el inglés», proselitista protestante, vendedor de biblias por medio mundo y crítico despiadado con la realidad española de la época, especialmente con la, a su juicio, nefasta influencia secular de la iglesia católica en la vida social española. De la catedral dice brevemente:

León, vieja y lóbrega ciudad, no tiene nada notable excepto su catedral, en muchos aspectos correlato de la de Palencia, con su misma arquitectura elegante y ligera, aunque a diferencia de su bella hermana desprovista de espléndidas pinturas.

El escocés A. Leith-Hay, político y militar, que participa en la Guerra de la Independencia española escribe:

León posee una magnífica catedral fundada por Don Ordoño, segundo rey de León. Fue destruida por el rey moro Almanzor a finales del siglo X, pero fue restaurada posteriormente, lo cual a finales del siglo XII y principios del XIII propició que se completase el espléndido monumento actual. No es posible hallar nada más bello que la rica y elaborada talla de las entradas del oeste y del sur, la primera de las cuales constituye el portal principal. Las ventanas, con vidrieras son de una grandiosa magnitud y se extienden por casi toda la zona superior de la Catedral, proporcionando al interior un efecto magistral. Hay un dicho español que ilustra el peculiar estilo de las diferentes catedrales:

Toledo en riqueza,
Compostela en fortaleza
y León en sutileza.

La irlandesa E. Aubrey Le Blond (seudónimo de Elizabeth Hawkins-Vhitshed) escritora, cineasta y pionera del alpinismo femenino en Europa valora la calidad constructiva de la catedral e incluso se atreve a proponer algunas soluciones arquitectónicas, alternativas a las existentes que, a su juicio, mejorarían su grandeza y esplendor.

Por supuesto primero me acerqué a la catedral. En su conjunto es diferente a cualquier otra catedral de España, aunque a primera vista se asemeja a la de Burgos. Al contemplarla, e incluso cuando entré por primera vez, me pregunté si realmente me gustaba o no. A primera vista parece un edificio demasiado delicado y aéreo para soportar el paso de los años, se asemeja más a la catedral de un cuento de hadas que a una solemne iglesia gótica, sin embargo, antes de marcharme aprendí a apreciarla en su totalidad. Cuando su maravillosa vidriera, que actualmente ha sido retirada para su restauración, sea colocada dentro de la arquivolta, que aquí comprende el nervio longitudinal de la bóveda (no podría hablarse de ventanas porque estas necesitan paredes y no las hay en el triforio de León), el efecto será prodigioso. Solo comparable con la Sainte Chapelle de París o las catedrales de Amiens y Beauvais. Sus esbeltas columnas, el exquisito nacimiento de los nervios, sus delicadas formas y el esqueleto de todo el edificio constituyen una combinación que, una vez acabada la restauración, harán que el viaje hasta aquí desde Inglaterra merezca la pena para los amantes de la belleza arquitectónica. Me informaron que dicha restauración estará terminada en 1903.

El recinto del coro aún obstruye la nave, el sacristán me comentó que esperaban poder trasladarlo. Si esto fuera posible, León sería un ejemplo a seguir en otros lugares, eliminando así las mayores imperfecciones estéticas de las catedrales españolas.

A mi modo de ver, el punto débil del exterior es la cara este, el fondo este de la nave está demasiado recargado por las agujas de cada lado y la altura de sus falsos gabletes la hacen parecer más estrecha de lo que es. Dicho gablete desfigura el edificio ya que no hay un techo de altura por debajo.

Estoy segura de que la fachada mejoraría si estas se eliminasen y se añadiesen un par de arcadas entre las agujas dándole un mayor efecto de amplitud. Las puertas son de gran nobleza, no muy distintas a las de la catedral de Chartres, solo se aprecian si uno se acerca, pasando desapercibidas a la visión general. Es una pena que, debido a la restauración, una urna de cristal proteja el eje central. El ala sur, que también finaliza en un gablete, estará muy recargada, pero la apariencia exterior mejorará cuando la piedra nueva pierda su blancura y su color se mezcle de forma armoniosa con las piedras antiguas.

El escritor, ingeniero y explorador británico Albert Frederik Calvert viaja a León a principios del siglo XX. De la catedral alaba su profunda belleza y la sutileza de sus formas.

(...) La belleza de esta iglesia consiste fundamentalmente en su ligereza. Sus columnas son tan esbeltas y sus paredes tan sutilmente perforadas con vidrieras de tan delicados detalles que el término «música congelada» para definirla no resultaría hiperbólico (...) Su mayor gloria son sus vidrieras (...)

Algunos años más tarde la escritora y viajera inglesa Gertrude Bone, que visita León en 1928, señala:

43

«Sutileza», es la cualidad que más le conviene a su bella iglesia, en opinión de los leoneses. «Audaz», se podría decir también contemplando la esbeltez de las columnas que sostienen la perfecta y delicada belleza del arte gótico (...) uno debe ver la catedral como una elegante casa de cristal que un desconocido arquitecto levantó aquí, entre la grave luz solar española (...) Debido a la necesidad que tenía el arquitecto de que el edificio sobresaliera por encima de la muralla de la ciudad hay vidrieras colocadas a mucha altura para que sus glorias brillen muy por encima del recorrido normal del ojo humano. Los colores, salvo por lo que respecta a algunas aburridas franjas modernas, engloban una magnífica gama de tonalidades. La luz resulta deliciosa, enredada allí como entre las nubes del crepúsculo, llegando suavemente al interior, y transmitiendo levedad y gracia al santuario, así glorificado, como la nota alta exitosamente vibrante de una canción. Pero la sucesión de sorpresas no acaba ahí; la negrura del manto de San Antonio de Padua en su ventanal azul, agarrando fuertemente de la mano de un niño como si fuera una joya preciosa; y el ámbar y dorado de San Clemente, al final de la nave lateral, constituyen un fogonazo completo de placer cuando son iluminados con el sol del ocaso (...) A la esbeltez de la Catedral ayuda, sin duda, la acrobática envergadura de los arbotantes; uno se queda sin respiración al observarlos, como ante los equilibrios de un acróbata en la cuerda floja. Sin embargo, se consiguió (…)

En el año 1862 realiza una visita a la ciudad la escritora y poeta Frances Elliot. Al igual que ocurre con otros muchos viajeros coincide su estancia en León con la realización de obras de restauración en la catedral de la que lamenta el estado de las obras y reclama la aportación de recursos para concluir los extensos y dilatados procesos de rehabilitación.

La plaza frente a la catedral es como un desierto, y la catedral misma una desdicha por los andamiajes que no dejan ver nada salvo el tejado estrellado y las ventanas laterales.

La fachada oeste con tres arcos que descansan sobre fustes agavillados, todo guarnecido con estatuas, me recordó un par de iglesias muy diferentes —Siena y Chartres— la ligereza y sencillez son italianas, la decoración llamativa es francesa (…)

Lo que conseguí ver del interior, en estilo ojival, es delicadamente casto y extrañamente severo para España; las vidrieras destacaban su heráldico esplendor contra la puesta de sol. Alguien ha hablado, con razón, de proporciones de telaraña y la fachada conserva algo de esa simplicidad, aunque adornada (…) No creo que haya monumento gótico más hermoso el día que esté visible. Pero ¿cuándo? Los fondos escasean, el conjunto del edificio se desmorona y León no es más que una pobre ciudad (…)

Un año más tarde, en 1863, la también escritora y periodista escocesa Jane Leck señala, igualmente, el estado de las obras de rehabilitación y concluye que al final de los trabajos la catedral leonesa será uno de los templos de más alto rango de España.

> La catedral de León no es demasiado imponente vista desde lejos, pero cuando una está en la amplia plaza de lado Oeste, frente a su magnífica fachada y pórticos se siente inclinada a pensar que es el mejor edificio posible. Hay tres pórticos; el central separado de los laterales por un estrecho arco apuntado; las torres se unen al cuerpo central por arbotantes; el pórtico, fachada y torres constituyen una masa de la talla más elaborada y hermosa (…)
> Hay un corredor en la parte alta de las naves y tres hileras de ventanales en que las vidrieras han sido desmontadas por el momento (…) En conjunto la catedral de León es realmente impresionante, incluso dadas estas circunstancias de estar desmantelada y llena de andamiajes. Cuando esté debidamente restaurada yo diría que debe alcanzar un rango muy alto entre las iglesias de España

El arquitecto y dibujante George E. Street y el también arquitecto y pintor William W. Collins, auténticos expertos del arte gótico y excelentes ilustradores del mismo, ponderan la elegancia y la ligereza de la catedral leonesa.

Street, dice:

El rasgo que más me sorprendió en la de León fue la maravillosa ligereza que en todas sus partes caracteriza a la construcción. Las pilas de la nave son de moderado grueso, y los arcos que soportan no pueden ser más delgados; mientras que los amplios y elevados ventanales, así como el triforio, que se abre debajo de ellos, llegan a diafanizarse de tal modo que los apoyos que reciben toda la carga de las bóvedas son los de sección más reducida que creo haber visto nunca, en parte alguna, en monumentos de tan amplia escala (...)

Los ventanales están cuajados con soberbias vidrieras de colores. Todas presentan el colorido más espléndido y muchas de ellas vienen a ser de la misma época que el edificio (...)

Es, además, dentro de su estilo, el monumento más hermoso de que puede alardear España (...)

Collins, por su parte, señala:

A la mañana siguiente fui a la catedral. Se mantiene muy bien y está bastante aislada, salvo por la nueva construcción del palacio episcopal que se está levantando.

La catedral es del gótico tardío (...) El interior es grande, elevado y muy bello, aunque algo estropeado por un feo trascoro de pésimo gusto, que contrasta con las elegantes columnas de las naves (...) Hay grandes trabajos de hierro forjado en las numerosas rejas y la sillería de nogal del coro es excepcional y está muy cuidado.

También, el hispanista, catedrático y viajero irlandés Walter Starkie que visita en varias ocasiones la provincia de León, escribe sobre la catedral en el año 1954. Al igual que lo hacen otros muchos viajeros, resalta el contraste que le produce el tránsito de la basílica de San Isidoro a la iglesia Catedral.

(...) ¿Qué mayor antítesis puede darse que el salir de la oscura iglesia y del panteón abovedado de San Isidoro a las calles soleadas, para entrar después en la Pulcra Leonina, la más bella catedral de toda España, que se levanta como tabernáculo en la Plaza de la Regla? En contraste con la austeridad severa y el canto interminable de santos y de guerreros tallados en piedra por los artistas románicos nos encontramos aquí con lo que lo que los leoneses llaman sutileza, y con las audaces muestras polifónicas que trajeron los artistas góticos de Francia a todo lo largo del Camino de los peregrinos (...)

(...) Lo que me embelesó, sobre todo, fue la fachada sur, porque en ella se ve todo lo que tiene de aérea la estructura de la milagrosa catedral gracias a la inmensa extensión de vidrieras multicolores y a la reducción al mínimo de su espacio de muros (...)

(...) Permanecí dentro de la puerta contemplando estático como la luz del sol del mediodía penetraba en las seis leves ventanas del trifolio y de la galería, vibrando en armonías de color sobre la nave central, larga y estrecha y marchándose con la confusión de rayos solares oblicuos que convergían desde las ventanas multicolores que hay encima del lejano altar mayor (...)

El novelista, crítico de arte y presentador de televisión Edwin Mullins que también viaja por el Camino de Santiago y visita León a comienzos de la década de 1970, relata una precisa y elocuente imagen de la catedral.

(...) Como Siena en Italia o Winchester en Inglaterra, la ciudad de León que también perdió pronto su importancia política también adquirió, como ellas, una especial elegancia en su declive. No solo su catedral tiene las más bellas vidrieras de España. Al entrar en el frío y crepuscular interior de este lugar solo encuentro penumbra en su alrededor hasta que por casualidad el sol elige el momento para penetrar en ella y entonces siento comprender algo de la antigua fe cristiana que ha sido capaz de retener a tanta gente durante tanto tiempo. Uno encuentra aquí una revelación: la revelación de la luz. En general las iglesias españolas son profundamente oscuras y, a mi juicio, bastante opresivas y la catedral de León no es una excepción hasta que entra el sol. Entonces parece estallar en llamas un incendio que inflama hasta el alma. Repentinamente, uno parece estar en el corazón de un ópalo de fuego (…) Ráfagas de rojo, de naranja, doradas y amarillas parecen incendiar el interior. (…)

Finalmente, Anne Mustoe, profesora, ciclista, viajera infatigable en bicicleta por medio mundo, viene a León en fechas muy recientes siguiendo el Camino de Santiago. De la catedral dice:

> (…) Los muros de la catedral de León estallan en ráfagas de vívidos colores dorados y amarillos reforzados por el resplandor amarillo y profundo del sol poniente. Y para coronarlo todo, la oscura madera encajonada del coro (…) Una catedral que siempre aparece como una deslumbrante exhibición cegadora de resplandor refractado (…)

Viajeros norteamericanos

O quizá, más propiamente, viajeras norteamericanas porque, en efecto, de las nueve personas seleccionadas de esa nacionalidad que visitaron la catedral de León seis son mujeres y todas ellas reputadas escritoras: Katherine Lee Bates, Elizabeth Boyle, Ruth Kedzie, Georgiana Goddard King, Edith Warton y Magde Macbeth, si bien esta última adoptó, en su momento, la nacionalidad canadiense. Las acompañan en este epígrafe el arquitecto, diplomático, empresario y militar John Gade, el también militar, escritor y viajero Harry A. Frank y el periodista y escritor James Michenner.

El interés de los estadounidenses por la realidad española es relativamente reciente si se compara con el de otros viajeros extranjeros, y no es hasta la segunda mitad del siglo XIX cuando comienzan a publicarse relatos de viaje norteamericanos sobre España.

Los motivos de atracción por nuestro país fueron, inicialmente, el exotismo y la leyenda romántica que para muchos norteamericanos significaba la esencia española y, por ello, los viajeros, en su gran mayoría, se desplazaban especialmente a las tierras del sur. El exponente más conocido es el de Washington Irving y su obra «Cuentos de la Alhambra». Sin embargo, a finales del siglo XIX y principios del XX se producen algunos cambios en las preferencias de los viajeros norteamericanos en favor del conocimiento de la España antigua y, especialmente, de la España medieval. Este es, justamente, uno de los motivos que ofrece León y, en particular, su catedral.

La novelista y poeta K. Lee Bates, en una visita a la ciudad de León en 1900, señala con gran sensibilidad, la elegancia del templo y comenta, con bellas palabras, algunas de las más conocidas manifestaciones de la iconografía católica.

La Catedral de León, muy similar a las obras maestras del gótico del norte de Francia, está más allá de cualquier pobre alabanza que yo pueda hacer.

51

Actualmente en proceso de reparación (...) puede disfrutarse sencillamente como arquitectura: ¡un templo de extraordinaria belleza (...) Un espejo inimitable que aún ardía con los fervores religiosos de la Edad Media! Las escenas de la Pasión se repiten una y otra vez; ahí están la Creación y el Juicio, la vida, la muerte y la ascensión de la Virgen, leyendas de héroes, fábulas de animales y folklore. La energía del gótico se manifiesta con claridad. San Jorge vence al dragón, San Miguel aplasta al demonio, Sansón abre las fauces del león y Santiago tallado en ébano sobre una puerta del antiguo claustro de tonos tenues, expulsa a los moros con una furia tan contagiosa que hasta la cola de su caballo se retuerce ferozmente. En tumbas guardadas por ángeles, hay imágenes de antiguas batallas, asesinatos, venganzas grabadas en la memoria de piedra. Pájaros de mármol picotean fruta de mármol, el granjero de marfil dirige sus cerdos, el pastor de alabastro cuida de su rebaño, el muchacho conduce su asno, los monjes dan de comer a los pobres a la puerta de la abadía y regordetes sacerdotes de piedra, colocados en sombríos nichos, disfrutan del vino.

La periodista y escritora Elizabeth Boyle, en su viaje a España realizado en 1908, escribe:

La catedral de León tiene una belleza armoniosa, puro gótico francés grácil y elegante, clásico, si se permite la palabra en un arte tan desbordantemente individualista como el gótico.

Dentro de la catedral de León todo es solemne y tranquilo, la verdadera belleza de lo sagrado. No hay una amalgama de capillas laterales sino una extensión prístina de ventanas cuajadas de cristales engarzados por maestros flamencos. Estas ventanas llaman la atención en un país en el que las iglesias se protegen del sol y a menudo el trifolio abierto o tribuna, como en Ávila, se tapia posteriormente para oscurecer el interior.

La escritora y viajera Ruth Kedzie, que visita León en 1913, dice de la ciudad que solo puede interesar la visita a la catedral de la cual comenta:

> De todos los motivos de la ciudad solo uno interesa: la catedral, su Pulcra Leonina. Contemplan sus contrafuertes, sus arbotantes y sus pináculos como una mujer de labios severos la frívola juventud.
>
> Pasan bajo sus cinco portales ojivales hacia la nave bañada por el gran resplandor de sus ventanas, que no tienen equivalente en España. De capilla en capilla, van en sobria procesión y se paran para murmurar un «Descanse en Paz» sobre alguna tumba esculpida.

Georgiana G. King, escritora, historiadora y acreditada hispanista, en un amplio y detallado relato habla de la catedral en un viaje realizado a la provincia en 1916.

LEÓN LA BELLA. De todas las catedrales españolas Santa María de Regla es la más puramente francesa y la más homogénea en su totalidad. Burgos, de factura mucho más tardía, alemana o borgoñona, y toda florida, diseñada desde un principio más pesada, más sólida y después revestida, siglo tras siglo, con ornamentación, impacta al viajero tal y como pretendía. Toledo con sus cinco naves y capillas adosadas, carente de transeptos visibles, con la lenta curva del doble deambulatorio y posterior construcción de sacristías, salas capitulares y panteones, contadurías y vestuarios, no se parece a nada, quizás, en el mundo, excepto a alguna sultana de lentos pasos y pausada sonrisa, con joyas y velo y con un movimiento ideal; pero León es una iglesia tal y como la concebimos los del norte; es, simplemente, hija de la Île-de-France; Lyon d'Espagne, dicen en Francia, y la frase no significa mucho pero no se puede oír en español León de Francia sin una imagen de la pura iglesia pálida que coronaba la colina de Laon, «casta como el carámbano cuajado por la helada» y, además, una percepción de su similitud con esta.

Es pura, pura como Salisbury y tal vez un poco por la semejante restauración, pero todavía más, creo, porque hace tiempo posibilitó que la vida se deslizase por la tierra de León: condes, prelados y cardenales preferían primero Toledo y Sevilla y después Valladolid y Madrid. Nadie estaba realmente interesado en construir aquí capillas churriguerescas y cimborrios grecorromanos.

Para nosotros, sin embargo, parte del bello aspecto ascético se debe a las formas arquitectónicas, a la longitud del templo, a la fuerte proyección de los transeptos, los vigorosos pentágonos de las capillas orientales, la majestuosidad y la luz. La nave central está flanqueada al norte y al sur por agujas que dan a sus seis tramos un aspecto majestuoso y esbelto. El último y más oriental de estos es realmente una nave lateral al oeste del transepto; la nave similar al este se convierte en un par de grandes capillas dedicadas: al sur a la Natividad (fundada por el obispo Cabeza de Vaca, 1446-1459); al norte a Nuestra Señora del Dado. Aquí, según el viejo modelo español, se habrían colocado un par de ábsides menores, paralelos al principal, que antiguamente existieron en la catedral precedente. Por su parte, el coro consta de dos tramos, el presbiterio de otro y de una cabecera de cinco, situándose el altar en el centro de esta. En el deambulatorio se abren cinco capillas, la mayoría de las cuales albergan pinturas tempranas, y en la pared que rodea el sagrario, el tras-sagrario, está la tumba de Ordoño II y algunas pinturas primitivas. El transepto sur se abría enfrente del palacio del obispo, como en Reims y Sens, pero el norte conecta mediante una especie de pórtico o pasaje con la entrada del claustro; la puerta sur en Bayona tiene, en cierto modo, la misma distribución, pero allí el espacio abovedado se usa como sacristía. El abovedamiento en este pasaje es tardío, pero la distribución debió ser original. A través de él se accede a la capilla de Santiago, que se encuentra hacia el este, diseñada, como la de Enrique VII en Westminster y San Jorge en Windsor, para el coro de una orden militar. Alrededor del ancho claustro estuvieron en tiempos los edificios capitulares, porque el cabildo vivía bajo disciplina monástica, y un motivo favorito de decoración muestra a un canónigo ofreciendo una iglesia a Nuestra Señora de Regla.

La novelista y diseñadora Edith Warton, en una anotación, en forma de diario, después de una visita a la catedral realizada en 1925, apunta:

León 11 de septiembre. Un tiempo divino. León. Catedral de belleza incomparable, tanto dentro como fuera. El pórtico norte aún más hermoso que la gran portada triple del oeste, con nuestra Señora la Blanca tan exquisita como es.

Al estar resguardada bajo el nártex que conduce al claustro, la portada norte ha conservado ricos trazos de color. El dintel que sustenta el tímpano, con preciosa guirnalda de hojas de roble doradas que destacan sobre azul. Virgen solemne, mucho más noble que la Blanca. Todas las estatuas son bonitas. La impresión total es tremenda. El interior, pura armonía del gótico temprano. Si las vidrieras fueran como las de Chartres o Le Mans, sería la catedral gótica más hermosa que existe. Espléndido rosetón circular de mármol, con portada abierta, para que cuándo uno entra, tenga la perspectiva completa hasta el altar. Vimos que las puertas occidentales estaban abiertas, como la luz entrando a raudales. Belleza inefable.

Posteriormente, en 1931, Magde Macbeth, novelista y periodista, comenta en un delicioso relato la magia y el fulgor que encuentra en el templo.

Puede que existan monumentos que conmemoren la victoria de Leovigildo y los godos en el siglo VI, y más tarde el triunfo de los árabes. Yo no los conozco, ni tampoco los busqué, ya que solo deseaba pasar todo el tiempo que me fuese posible en la que considero la catedral más bonita de España.

No tan grande como las de Sevilla, Toledo, Burgos o Salamanca, pero muy superior en la delicadeza de su construcción. Las esculturas de su exterior son como filigranas de oro, con agujas abiertas, contrafuertes ligeros y esbeltas ornamentaciones en punta, dando a cada aspecto de su estructura una apariencia más bella que la de las anteriores.

La fachada oeste es verdaderamente memorable, no sólo por las tres espléndidas puertas esculpidas, ni por el resplandeciente rosetón de 7,5 metros aproximadamente, ni siquiera por la hermosa Virgen que le da a uno la bienvenida con una tierna sonrisa, sino por un panel que ilustra la agonía del infierno, los terrores del purgatorio y la bendición del paraíso. Al ver esto no tienes elección, te pueden fastidiar los famosos vestidos de los ángeles, los lánguidos discursos celestiales o puede que te dé igual la música de las arpas, pero admirar los calderos de aceite hirviendo y los monstruos devorando pecadores es suficiente como para acabar echando monedas en todos los cepillos, colocados estratégicamente a la vista, y abalanzarse dentro de la catedral.

Grises deben ser las sensibilidades que no se conmuevan ante semejante templo encantador de proporciones exquisitas y mágica consonancia. Por un momento uno se sobrecoge debido a su magia, incapaz de averiguar la peculiar naturaleza de su encanto.

De forma gradual se hace evidente la increíble esbeltez de las columnas, alzándose como avispas de incienso que desaparecen en la elevada oscuridad, y también la deslumbrante delicadeza de las galerías, que como encajes de mármol caen sobre las paredes, e impregnándolo todo, ese sentimiento de color y calor que proporcionan docenas de ventanas dispuestas en tres hileras con antiguas vidrieras de los siglos XIII y XIV.

Al entrar por la puerta este, una tarde especialmente soleada, parece como si el aire se agitara con un millón de gemas bailarinas. Las ventanas del interior proyectan chispas de colores en las paredes y el suelo y la cancela se inunda de una melodía de luces cambiantes. Una inmensa división de cristal que se extiende a lo largo del centro de la catedral, en la parte de atrás del coro, refleja el rosetón. Realmente uno llega a pensar que esta es una catedral a la que las hadas o los ángeles vendrían a rezar si sintiesen la necesidad de hacerlo.

Esperando que las ventanas ilustrasen temas de naturaleza religiosa, quedé asombrada durante un momento por una de gran aspecto deportivo, caballos brincando e impacientes cazadores y sus mozos, realizada de una forma bastante alegre. No tengo idea de dónde se puede encontrar cosa igual.

El escritor John Gade resalta la luz, el color y el aurea mística que le transmite la catedral.

El interior de la catedral de León es el más luminoso y fulgurante de todas las iglesias de España. Las grandes puertas de entrada del Oeste y del Sur, así como las del Norte en dirección hacia el claustro están abiertas de par en par como si quisieran alegrar el templo. (…) Es la iglesia de la pureza de la luz y del aire fresco y, sobre todo, de los colores gloriosos.

Las vidrieras leonesas, son más bellas aún al atardecer cuando los sacerdotes entran en la iglesia con sus sotanas oscuras pisando el pavimento.

A través de la pureza del cristal se ve a los fieles buscar a Dios en los altares.

Santa María de Regla está hoy como estuvo en la Edad Media. Con su espiritualidad, armonía, esbeltez y la pureza de sus líneas (…) Es la más bella de todas las catedrales góticas de España.

Harry A. Frank, militar y reputado escritor de libros de viaje señala brevemente:

> Llegué a León a las tres y me puse en marcha de inmediato como un turista hacia la catedral, con sus altísimas torres góticas y sus delicados y aireados arbotantes, la primera pieza verdaderamente inspiradora de arquitectura cristiana que había visto en España; el primero en verdad cuyo exterior era algo. Gran parte del edificio, sin embargo, era notoriamente nuevo, y los andamios de los renovadores aún estaban en su lugar.

Por último, el escritor, periodista y gran viajero James Michenner, que visita León en el verano de 1966, dice de la catedral:

> (…) Salimos en la noche veraniega, andando bastante trecho hasta llegar a la catedral de León (…). En la noche parecía una iglesia gótica corriente, sobria y al tiempo elevada, contenida, pero con cierta retórica (…) Estaba examinando el edificio, a la luz de las estrellas, mientras León dormía en torno a mí, cuando dentro de la catedral uno de los auxiliares conectó las luces (…). Entonces pude ver por primera vez lo que hace de la catedral de León

algo único entre las catedrales del mundo. Más de la mitad de su exterior se compone de cristal.

Otros viajeros extranjeros

Un viajero italiano, Varvaro Pojero, dos alemanes, Hans Gadow y Happe Kerkeling y tres portugueses, Antero de Figueiredo, Miguel Torga y Joaquím María Palma completan la mirada extranjera sobre la catedral de León.

El diplomático e historiador italiano Francesco Varvaro Pojero, visita León en el año 1877. De la catedral dice:

> La catedral, edificada en el siglo XIII, es famosa por su ligereza, la sutileza de su construcción. La fachada principal con sus tres grandes portadas de arcos agudos, decorados con profusión de estatuillas y de adornos, con su bella ventana de adorno en el centro y sus torres a los lados, producen un efecto óptimo. Su fama es auténtica; es verdaderamente un esbelto edificio (...) Entre las varias capillas, la mejor es la de Santiago, tanto por la forma como por los adornos; son bellísimas las vidrieras policromadas de sus ventanas.

El polaco-alemán Hans Gadow, gran viajero por el norte de España, comenta con ironía la lentitud con que discurren las tareas de restauración.

Lo primero que visitamos fue naturalmente la mundialmente famosa catedral, uno de los restos del más puro estilo gótico. Se muestra situada en la parte más elevada de León (...) En el momento en que nosotros la visitamos estaba siendo restaurada (...) Las obras de albañilería estaban también en marcha pero los tres obreros encargados de las ventanas no tenían muchas esperanzas de ver su tarea finalizada antes de morir. Uno de ellos llevaba toda la vida debajo de aquel tejado (...)

Por fortuna el coro, cuya talla es una verdadera maravilla, seguía en su sitio. Todos sus detalles han sido mimados al máximo; cada una de las figuras tiene una fuerza interior, un movimiento y una vida increíbles. Su tamaño no es muy grande. También pueden verse, paisajes, escenas históricas y solemnes, y motivos de sátira burlesca de la vida y costumbres de los campesinos, los soldados, los ciudadanos e incluso los curas. Todos quedan representados en esos paneles (...) No hay dos que sean iguales.

El periodista y locutor televisivo Hape Kerkeling, por su parte, escribe:

(...) La catedral, en la plaza de la Regla es el summun sin la menor duda. Algunos dicen que es la catedral más bella de España. En todo caso, es el ejemplo más puro del gótico primario de todo el país. (...)

El gran escritor portugués, Antero de Figueiredo, en una extensa publicación, dedica a la provincia de León numerosas páginas y dentro de ellas una parte importante de ellas corresponde a la catedral. De ella dice:

(…) La religiosidad del interior de la catedral de León está hecha de ascesis de piedra, en hilos de columnas verticales, de silencio extático de naves altas y estrechas, de beatitud de media luz, de vidrieras de colores. La máxima estilización de sus líneas simples y colores ingenuos, paredes lisas y vacíos expresivos, muestran la mejor imagen del sentimiento cristiano. Desnudez honesta en sus muros, piedra caliza de grano rústico, pintura de burel, claridad tamizada, silencio suspendido (…).

(…) Los artistas ojivales franceses de las catedrales de Isla de Francia, de Picardía, de Flandes, de Orleans, de la Champaña, de Alsacia y de Colonia y los artistas ingleses de las catedrales de Canterbury, de Southwart, y de Winchester que buscaron durante casi doscientos años encontrar el alma gótica pura no pudieron conseguir lo que se ve aquí, en el descampado de Castilla la Vieja, en tierras leonesas, en el siglo XIII (…)

(…) La mitad de la catedral, en su parte baja, está hecha de piedra y su parte alta está hecha de vidrio. Sobre el silencio grave de sus muros de granito se escucha la suave voz de las paredes translúcidas (…)

El médico, escritor y periodista Miguel Torga (seudónimo de Adolfo Correia), por su parte, escribe:

Avenidas amplias, casas limpias, gente acogedora. Incluso la Catedral, airosa, con esas bonitas vidrieras que parecen iluminarte el alma, me ha producido una impresión de optimismo. En vez de una maciza fortaleza de fe, me ha recordado una gran antorcha de Diógenes, construida por alguien que quiere buscar en la belleza serena el camino de lo trascendente.

Finalmente, y ya en el año 2016, Joaquín María Palma, escritor y profesor lusitano ensalza lo que ya dijeron de la catedral la mayoría de sus predecesores, su increíble ingravidez y su absoluta levedad.

Cuando avista la catedral, el viajero resiste el impulso de entrar en ella. Se queda inmóvil, en un extremo de la plaza, mirando la grandiosidad de todo el conjunto y decide rodearla porque quiere medir bien la escala y buscar el contraste entre las zonas de luz y las de sombra. Le interesa descubrir los pormenores que la distinguen de otras catedrales. Volviendo al punto de partida y juntando todas las valiosas percepciones obtenidas mediante el itinerario escrutador, solo consigue verbalizar que aquel buque de piedra, no tiene peso y que está a punto de levantar el vuelo.

Viajeros españoles

Un largo viaje

Muchos escritores españoles, algunos más conocidos que otros, dejaron testimonios de sus visitas a la catedral, especialmente, a lo largo del siglo XIX y la primera mitad del siglo XX, en una dilatada secuencia temporal.

Ambrosio de Morales, Francisco de Úbeda, Francisco de Paula Mellado, Tirso de Olazábal, Ricardo Becerro de Bengoa, José María Aguirre y Escalante, Acacio Cáceres, Julio Cejador, Joaquín de Ciria, Nicolás Rivero, J. Pin y Soler, Armando Cotarelo, A. Pulido, Saturnino Calleja, Emilia Pardo Bazán, León Roch, Alfonso Pérez Nieva y, posteriormente, Roso de Luna, Víctor de la Serna, José García Mercadal, Edgar Neville, Eugenio Nadal, Álvaro Ruibal, Luis Menéndez-Pidal, Maria Elena Gómez-Moreno y Pablo Arribas, expresan en sus relatos, con diferentes estilos y sensibilidades, los aspectos más relevantes del templo leonés.

Ya en el año 1572, Ambrosio de Morales, historiador y comisionado real por Felipe II para el estudio del tesoro religioso español, habla de la catedral y de las restricciones al público que observó en determinados espacios y de la historia de la famosa Virgen del Dado.

(...) La capilla está siempre cerrada, y no la abren sino para mostrarla a personas que es razón, y porque están todos los sepulcros llanos y muy juntos unos con otros, no se consiente que nadie suba a hollarlos para leer los epitafios, y no se dice ordinariamente misa allí, porque como están las sepulturas muy juntas con el Altar hay poco espacio y también se teme el entrarse gente allí a la misa, y perderse aquel acatamiento (...)

(...) En un relicario de plata dorada, con cristal, hay un poquito de lienzo teñido en sangre, que dicen que se le limpió al Niño Jesús de Nuestra Señora del Dado por este milagro. Un tahúr despechado de perder, tiró con los dados a aquella imagen, y uno que acertó al Niño Jesús en el rostro le hirió, y salió sangre de la herida (...)

La librería está a tanto recaudo, que están antes de ella dos piezas de pertrechos y no se atrevieron a desembarazarla en tres días, por eso no la pude ver.

Años más tarde, el médico toledano Francisco de Úbeda, autor, aunque discutido, de la conocida obra «La pícara Justina», ambientada en León, ciudad que conoce por haber acompañado al rey Felipe III con motivo de la toma de posesión de este último como canónigo nato de la catedral, escribe:

Comencé a entretenerme en mirar la iglesia. Es bien galana, tanto que pensé que era el corro del día del Corpus adornado de varios gallardetes y banderolas. Noté que estaba notablemente envejecida la portada, más que ninguna otra parte de la iglesia, y pensé que la causa era porque todas las viejas gastan más de boca que de ninguna otra parte (…) Aunque entré dentro de la iglesia, yo cierto que pensé que aún no había entrado, sino que todavía me estaba en la plaza, y es que como la iglesia está vidriada y transparente, piensa un hombre que está fuera y está dentro, como corregüela de gitano. De otras iglesias dicen que parecen una taza de plata, de aquella puédese decir que no solo parece, sino que es una taza de vidrio, que se puede beber por ella.

A mediados del siglo XIX el granadino, Francisco de Paula y Mellado, editor, escritor y periodista que visitó varias veces, por motivos profesionales, la provincia, habla de un supuesto estilo oriental de la catedral.

(…) La iglesia catedral es reputada fundamentalmente por la principal de España, por su delicadeza y suntuosa fábrica. Pero lo que es sin duda sorprendente es el atrevimiento del artífice en haber ideado trazar una fábrica de 125 pies de altura, 303 de longitud y 128 de latitud sobre uno y medio de espesor en sus mismos fundamentos. Pero la experiencia de más de 500 años, no solo justifica esta idea sino que confirma la realidad de este milagro del arte. Su fábrica no es del todo gótica ni tudesca, puede muy bien llamarse de estilo oriental, porque es un conjunto de pilares, arcos, estribos, arbotantes y ventanajes y como éstos últimos son tantos y sus vidrios de diversos, hacen un efecto admirable mirados por la parte interior del templo.

A finales del siglo XIX, el político y escritor vasco Tirso de Olazábal dice:

Desde la prisión de Quevedo nos trasladamos a la Catedral cuya restauración está más adelantada de lo que yo me figuraba. Tiene la merecida reputación de ser uno de los edificios típicos del gótico más puro y, en efecto, cuándo se coloca uno en el centro de la nave y levanta la cabeza para mirar la bóveda pudiera creer que no tiene sobre sí más que un ligero toldo, tal es la esbeltez de los haces de columnas que dividen aquellas soberbias ventanas que están pidiendo a voces las vidrieras de que carece.

Por la misma época, el alavés, Becerro de Bengoa, político, periodista y académico señala la calidad arquitectónica y el ingenio de los maestros constructores.

La catedral de León es un ejemplar del gusto ojival primitivo que dominó en Francia en la primera mitad del siglo XIII (...)

68

Ojival, admirable y casi aérea, con los delgados y esbeltos pilares cuya sección muy bien calculada, basta a su función vertical, ya que todos los poderosos empujes de lo alto se neutralizan por la gallarda y atrevida disposición de los arbotantes (...) ejemplo vivo de ese armónico equilibrio monumental que con tanto ingenio y maestría supieron concebir los grandes maestros laicos de aquel tiempo para economizar recursos y materiales y para admitir el uso del vidrio plano, que inundara de luz las atrevidas naves, la catedral de León merecía ser cuidada a través de los siglos, como una reliquia, tratada como un tesoro y conservada como un incomparable obsequio de las pasadas edades.

También, en los mismos años, el santanderino, viajero, abogado y escritor Aguirre y Escalante, brevemente, apunta:

Andando, andando, di conmigo en la plaza de la Catedral que envolvíase en el crespón de la noche, sus torres, botareles, pináculos, gárgolas y barandales recortando su negro contorno en el gris oscuro del ambiente semejaban una ciudad poblada de templos y palacios vista a lo lejos.

Ante la mole ojival de la basílica leonesa no bastan a mirar dos ojos y quisíeranse los cien de Argos para emplear uno en el examen de cada detalle y quedarse con un par de ellos para abarcar la armónica grandiosidad del conjunto. Ninguna de las famosas catedrales españolas deja apreciar éste como la leonesa, ya por estar circuídas de calles angostas, ya porque les mata la perspectiva el parásito caserío que en ellas se apoya; solo esta, como levantada en solar de palacios reales, demolidos para que ella se alzara, se abrió plaza ahuyentando casucas y callejas como una mujer hermosa se abre paso sin esfuerzo entre el gentío que la admira.

Potencia y gracia, dice Viollet-le-Duc, son las condiciones de la belleza arquitectónica: la gracia a la vista está en la catedral leonesa: la potencia, disfrazada de esbeltez.

Olía a piedras húmedas, a incienso rancio, a cera quemada y a flores marchitas, formando tal mezcla el acre perfume místico de las iglesias viejas, el vaho de la reacción, que diría un hombre a la moderna.

El escritor granadino Acacio Cáceres, gran viajero por el Bierzo, escribe también de la catedral a finales del siglo XIX:

Era León la Corte ilustre de la antigua y gloriosa monarquía. Allí estaba con su famosa catedral monumental, modelo del arte gótico, inválido edificio cuya vejez es bella y cuyos miembros, desfallecidos por los años, muestran aún la juventud y el vigor del arte. A pesar de las restauraciones que la sostienen, parece como sujeta al espíritu religioso de la idea que le dio vida, quiere ante el siglo de distinta idea y profano arte, hundirse en el polvo del olvido, sepultando en la tierra en que se eleva su cadáver de piedra, por ser a un tiempo tumba y cadáver de la idea, del arte y de la historia que quiso esculpir en ella su inmortalidad.

Posteriormente, el filólogo, sacerdote y escritor Julio Cejador, por su parte, comenta:

Entráis por la puerta principal y os cautiva la elegancia de la bóveda, de los inmensos ventanales, de las esbeltas columnas y de la variedad de colores de las vidrieras. Es todo luz. Diríase transparentes los muros, por ser casi todas vidrieras maravillosas, encuadradas en los hastiales.

Parece increíble pueda mantenerse como en el aire, allá arriba la mole de la bóveda, cargando al parecer sobre vidriería. Parece cosa de milagro.

También, en una visita realizada a la provincia en 1908, el escritor y director de excursiones de la Real Sociedad Geográfica, Joaquín de Ciria, escribe:

No fue el Rey Ordoño II, el que levantó el famoso templo, gloria del genio y orgullo del arte, como algunos creen. El Rey Ordoño cedió su Palacio al Obispo Fruminio para que en su solar se edificara un templo que recordase el triunfo de la batalla de San Esteban de Gormaz. Este templo de principios del siglo XI, fue románico, y el actual cuya construcción duró desde los comienzos del XIII, hasta los primeros años del XIV, es gótico y se debe a la esplendidez del Obispo Manrique de Lara, sin que se sepa quién fue el arquitecto que hizo los planos de esa joya, cuya restauración ha durado cincuenta años, ultimándola con verdadero entusiasmo un insigne leonés, el notable arquitecto D. Juan B. Lázaro, hoy, desgraciadamente recluido en un manicomio.

A su celo se debe que en las vidrieras se economizase el Estado una no despreciable suma, montando con patriótico arranque, una fábrica en que se obtuvieron más baratas que traídas de Alemania...

El escritor y periodista asturiano Nicolás Rivero Muñiz que visita León a finales del siglo XIX señala:

La Catedral, edificada en el siglo XIII es uno de los más interesantes y más antiguos modelos de estilo ojival. Y a juicio de muchos la más elegante y esbelta de las catedrales españolas (...)

Los trabajos de restauración de la catedral leonesa empezaron en 1859 y terminaron en 1898. Treinta y nueve años empleados por notables arquitectos, y principalmente por Madrazo, en reparar los daños que el andar del tiempo causara en aquella delicada joya del arte gótico más puro. Hoy está tan fresca y tan completa como si acabara de salir de las manos de aquellos magos de la Germania que en la Edad Media inundaron la Europa de «poemas de piedra» (...)

En el interior los pilares formados por haces de columnas causan admiración y encanto por su ligereza y por su finura. Los vidrios de colores que, con una profusión no vista en ninguna otra catedral, adornan las ventanas de los cruceros y los rosetones de las naves, forman un conjunto único en Europa.

El dramaturgo y traductor catalán, José Pin y Soler, que visita León a principios del siglo XX, señala la falta de promoción informativa y turística sobre la catedral a la que considera de belleza absoluta y única.

Si se acordaran, si todos los leoneses fuesen entusiastas de las bellezas que les rodean, darían mayor importancia a lo que tienen, harían por medio de libros de estampas de un buen entendido reclamo que nadie viniese a España sin el deseo de conocer aquella maravilla que es la catedral de Santa María de la Regla (...)

Un templo, no tan grande como la catedral de Sevilla, ni tan severo como la catedral de Tarragona, ni tan variado como las catedrales de Toledo o de Burgos, pero como belleza absoluta ¡única! Es nuestra catedral más hermosa (...) Es el primitivo gótico en toda su frescura y elegancia, una construcción más completa que las dos célebres catedrales francesas, de Reims y de Amiens, a las cuales se parece (…) Con su fachada principal que es un hermoso poema petrificado y si el exterior de la catedral leonesa es un encanto, no son menos hermosos los detalles de su interior iluminados por soberbios ventanales de coloridos vidrios.

Recorred aquel templo y os sorprenderá la elevación de sus bóvedas, os admiraran sus ventanales, su coro majestuoso con su sillería y sus dos Tronos, uno para el prelado, otro para el Rey, que es canónigo de aquel cabildo, el trascoro con sus labores de alabastro, el altar mayor, las verjas, los relicarios, la custodia, las esculturas del altar de San Alvito, las pinturas del altar de San Pelayo, la capilla del Carmen, la del Salvador, las de la Concepción y de la Asunción, la capilla plateresca de Santiago… y sobre todo, el estupendo mausoleo de Ordoño II cerca del altar mayor, con la imagen de un rey muerto, que parece vivir muriendo (…)

El asturiano, Armando Cotarelo Valledor, historiador, escritor y académico de la Lengua, en un viaje realizado a León en 1920, señala:

Embelesóme la Catedral (…) Si soberbio lo externo, lo interior sublime. Imaginaos flotando en un océano de luces y colores que hienden el aire, se entrecruzan, se reflejan, brillan, restallan, danzan y centellean por doquier. ¡Oh Pulchra Leonina! ¡Oh prodigio de elegancia y esbeltez! (…) ¡Y pensar que nuestros padres y muchos contemporáneos

74

reputan bárbara la arquitectura gótica, oración petrificada, éxtasis sin fin! (...)

Ángel Pulido, médico, político y escritor madrileño en un viaje realizado a finales del siglo XIX, dice:

(...) allí la catedral gótica, filigrana de piedra, encaje deslumbrador, apoteosis magnífica de las maravillas de esa cristiana arte, donde las gallardas torres, las cresterías y muros erizados, agujas, pináculos y botareles; las rasgadísimas ventanas ojivales y los maravillosos rosetones de trepada cantería; los coronamientos fantásticos, los vidrios, con escenas y santos pintados, donde se tamiza la luz que inunda las naves con seductora gama de suavísimos colores (...) todo tan opulento, grandioso y de excelencia suma, que magnifica el alma con esa plenitud de sentimiento y de emoción que producen las catedrales góticas (...)

También, a finales del siglo XIX, el burgalés Saturnino Calleja, editor, escritor, pedagogo y traductor comenta:

Su catedral que lleva el título de Nuestra Señora de Regla, fue construida desde 1.181 a 1.205; pero no quedó terminada del todo hasta 1.303 y pertenece, salvo detalles secundarios, al estilo gótico del primer periodo. Su carácter distintivo consiste en lo ligero, sutil y aéreo de su fábrica, en la que quizás no haya iglesia gótica que la supere. Todo en ella es calado, desde las bóvedas hasta el suelo y los delgadísimos pilares formados de haces de columnillas y con multitud de esculturas muy menudas, de prodigiosa ejecución, cubren los profundos alféizares que la flanquean, las archivoltas y el tímpano. Recuerda mucho esa portada la de la Catedral francesa de Chartres.

En la misma época la escritora y periodista gallega Emilia Pardo Bazán dice de la catedral:

(...) Es la basílica de León la más aérea, la más inmaterial de las españolas, calada enteramente por inmensos ventanales de vidrieras (...) La catedral de León no tiene más piedra que la indispensable para engastar los rubíes, esmeraldas y amatistas de sus vidrieras mágicas (...)
(...) No hay en el edificio adorno que contribuya a su sostenimiento y no solo los graciosos arbotantes que ostensiblemente lo refuerzan, sino los pináculos, las alimañas y caprichos que en apariencia lo decoran, concurren a tenerlo en pie, y a consolidar su esbeltísima fábrica (...)

León Roch (seudónimo de Francisco Pérez Montero) escritor e historiador, autor de una extensa obra sobre la ciudad de León, comenta de la catedral, a principios del siglo XX:

La Catedral de León es, en efecto, una de las más altas glorias de la arquitectura cristiana. Con las de

Toledo y Burgos compone la gran Trinidad del Arte Gótico español. Pero ella es el monumento más admirable por su unidad y armonía. Por eso su fama, apenas nacida, se extendió más allá de las fronteras. Su estructura alcanza el mayor grado de sutileza del Arte Ojival. Se ha llegado a un milagro de equilibrio, suprimiendo muros, adelgazando pilares y calando triforios para espiritualizar el templo hasta lo ideal.

Bajo sus bóvedas el espíritu queda como avasallado ante la soberbia fábrica, pero aprecia su grandiosidad y la espiritualidad del arte que produjo tal maravilla. Y la impresión estética se eleva a lo sublime, produciendo un efecto que subyuga.

(…) Fuera empeño temerario y vano tratar de hacer aquí la descripción del interior del grandioso templo (…) Al penetrar en él, al extender nuestros ojos deslumbrados por las espaciosas y mágicas naves, nos sentimos como sobrecogidos. El alma del profano se recoge, medrosa ante el soberano espectáculo, incapaz de comprender la sublime espiritualidad de la obra maravillosa. Todo es majestad y belleza, todo armonía y gracia supremas. El genio del Arte no pudo concebir mansión más augusta para rendir culto a la grandeza de Dios.

Por su parte, Alfonso Pérez Nieva, político (ministro de Instrucción Pública), poeta y periodista, en un viaje realizado a principios del siglo XX, resalta, al igual que hace Unamuno, la dificultad de encontrar un espacio de penumbra en la catedral propicio al sosiego y recogimiento y resalta su dimensión celeste.

Para mí, una catedral es un antepasado, que en vez de dormir con su generación en el cementerio, se mantiene enhiesto por los siglos de los siglos (...) Todas me inspiran, por ende, profundo respeto, pero pocas como ésta, porque ésta es la de León, la de la antigua corte, la de la primitiva patria, la atropellada por los árabes (...) ¡Oh, vieja catedral de los tiempos grandes de la reconquista (...) A ti se te admira como a tus otras hermanas, pero además se te quiere.

(...) desde la primera mirada sin tiempo para apreciar detalles, impónese su gallardía suprema, su gran esbeltez. Dos torres finísimas, amarillentas, y un rosetón blanco: he aquí lo primero que se ve hasta que los ojos se orientan (...)

La catedral se halla en restauración. Un complicado andamiaje impide contemplar el pórtico con desahogo (...)

El ático es del Renacimiento, con un frontón triangular (...) vislumbrándose en él la obsesión de lo gótico (...) un gusto enorgullecido con razón de poseer los verdaderos principios de la estética, y que a su pesar se inclina ante lo aéreo de lo gótico, creado para encerrar las oraciones de una religión espiritualísima que tiene por uno de sus inmortales principios el de soñar con el cielo.

Habría para estarse un mes apreciando detalles, siguiendo con la vista las preciosidades que el cincel ha dejado en los muros, escudriñando estas muchedumbres de santos de granito, estas flores de piedra (…)

Colosales vidrieras de colores con figuras de tamaño natural, del siglo XV en su mayoría, atenúan la luz libre; magnífica página de la historia de la cristalería, pues las ventanas ocupan toda la altitud de los muros que la contienen (…)

A mi juicio, no hay arte que cuadre a las dulzuras misteriosas del catolicismo como el gótico, y no entra por poca parte en esta consonancia la penumbra, que es el ambiente apropiado a la ojiva, y que la hace más fina y aérea, más infinita. Esta claridad que entra a raudales en las naves construidas para la sombra, las daña, pues, bajo el aspecto místico pero en cambio muestran una nueva belleza que no les permite lucir bien en la oscuridad: la arrogancia suprema de sus pilares que parecen aspirar a tener el cielo por techumbre.

Igualmente, el extremeño, Mario Roso de Luna, abogado, teósofo, astrónomo y heterodoxo pensador, que visita León, en 1915, señala brevemente:

Al despertar, miré fuera. Había ya luz de día y León, la de la romana Legión Séptima Gemina, con las agujas gótico-primitivas de su catedral, la del millar de vidrieras polícromas, hermana de las de Amiens, Burgos y Reims, se despedía de nosotros, mirando marchar el tren por encima del plateresco Hospital de San Marcos.

A mediados del siglo XX, Victor de la Serna, gran viajero por León e hijo de la escritora Concha Espina, deja una brevísima pincelada sobre la catedral.

> León tiene (…) una catedral gótica con los fustes de las columnas flexionadas como cañas que se entregan, un poco femeninamente, al viento (…).

En los mismos años, José García Mercadal, uno de los grandes estudiosos de la literatura de viajes por España, en una breve obra novelada expresa:

> Hay, sin embargo, una impresión que se conserva fresca e indeleble en la memoria del más atolondrado y olvidadizo viajero: la que recibe al dirigir la vista a las ojivas y rosetones de los inmensos vanos de sus muros y encontrarse gratamente sorprendidos por todo un mundo de flores y de frutos, de ornamentaciones heráldicas y personajes históricos y bíblicos que parecen tener vida en aquellas admirables vidrieras.

El escritor, cineasta y diplomático, Edgar Neville, a la vuelta de un viaje de Galicia, señala con extrema brevedad.

> Luego se sale de Galicia por Lugo, Ponferrada y Astorga. Pero ya que estamos en Astorga no hay

más remedio que ir a León, para admirar la más bella catedral que tiene España, una verdadera joya del arte gótico. En León hay un buen Hotel, el Oliden.

El escritor y periodista catalán Eugenio Nadal, sí encuentra, sin embargo, un ámbito de penumbra y recogimiento en la catedral y atribuye a la influencia castellana el origen del gótico español frente a la naturaleza netamente leonesa de la basílica de San Isidoro. Contrapone, como ya confesó Unamuno, la catedral gótica al románico originario que considera esencialmente leonés.

Las calles anchurosas se extendían aún; pero pronto, doblada una esquina delante de Telégrafos, enorme construcción goticista de Gaudí, una breve calle que subía entre casas de neto sabor ochocentista, nos condujo de la mano a la Catedral. El salto brusco de uno a otro mundo fue la segunda sorpresa.

No son frecuentes en España las seos de estilo puro. La de León, concebida de una vez sola, es ejemplo de algo extraño al genio nacional; el gótico neto, sin mezcla. Catedral francesa, basada en la de Chartres, cuya fábrica imita piedra a piedra, muestra, de lejos, una frente despejada que remata airosamente la silueta de la ciudad; de cerca, esa desnudez que la distingue de sus hermanas españolas y da gran relieve a los contrafuertes; por dentro, en fin, voladora esbeltez de líneas, no truncadas de ornato ni diverso estilo yuxtapuesto. Ninguna Catedral hispana, realizada con tan pocos elementos. Un esqueleto de nervaduras y, en los vanos, vidrieras polícromas que dan esa luz roja y azul de iglesia, sombría, que impone y mueve a devoción. Mas, con su admirable impulso vertical, con su pureza de formas, esa Catedral de León despierta la nostalgia de bellezas indecibles: ¡aquellas angélicas estatuas de Chartres!

El gótico de la Catedral canta el triunfo castellano en la Meseta. Fue Castilla, en su orto, pueblo renovador, que aportaba, frente a la tradición leonesa, autóctona, la cultura de Francia; pronto absorbió a León, que en el XIII era ya totalmente castellana. La hermosísima Seo traduce, con la segunda ola de influjo francés, la fusión de ambos reinos. Lo estricto leonés solamente se halla en San Isidoro.

El gallego Álvaro Ruibal, escritor, viajero y periodista, apunta brevemente.

La ingravidez de la Seo es imponente. El arquitecto se empleó en la leve pigmentería de caliza para aligerar el peso de las bóvedas y permitir de esta guisa levantar esbeltos y alados contrafuertes (…)

Una construcción de semejante grandeza apabulla todo lo accesorio (…)

El arquitecto madrileño Luis Menéndez-Pidal que, en su calidad de conservador de Monumentos del noroeste de

España, intervino en la rehabilitación de las catedrales de Astorga y de León, habla del grave incendio de la catedral leonesa producido en 1966.

El domingo 29 de mayo de 1966, hacia las cinco y media de la tarde, descargó sobre León una gran tormenta (...) Una descarga de extraordinarias proporciones fue recogida por los pararrayos del crucero de la catedral. Hacia las ocho de aquella tarde, cuando iba a comenzar la misa vespertina en el templo se dieron cuenta desde el frontero Palacio Episcopal de la pequeña columna de humo que salía por encima de las cubiertas del crucero. Al descubrir el tejado con la entrada del aire se hizo patente el pavoroso incendio que había prendido en todas las armaduras de madera que cubrían las naves altas de la catedral.

Pasada la aparatosa y espectacular catástrofe sufrida por la catedral de León, al reconocer el monumento se pudo comprobar que no había sufrido lo más mínimo en ninguna de sus partes, dónde quedaron intactas sus maravillosas vidrieras, bóvedas y toda la estructura exterior e interior del templo (...) Tan sorprendentes resultados contrastan con la magnitud del fuego, dónde las llamas subían por encima de la torre más alta de la catedral.

María Elena Gómez-Moreno, hija del gran historiador Manuel Gómez-Moreno, escritora e historiadora del arte, apunta una breve, bella y precisa reflexión sobre la catedral.

> (…) Aislada en su lonja como una maqueta sobre su pedestal, recostando sus pináculos sobre el limpio cielo de la meseta o firme bajo el cierzo invernal, se alza la más perfecta catedral gótica de España (…)

Finalmente, el burgalés Pablo Arribas, jurista, funcionario y escritor especializado en el Camino de Santiago dice:

> El moderno peregrino debe ver en la girola el sepulcro del fundador de la catedral, Ordoño II; reflejarse las vidrieras en la pila del agua bendita a la hora que os digan y a la salida pararse un momento a intentar penetrar en el diálogo de los Apóstoles en la portada de San Froilán.

Pensadores y poetas

Para algunos de los más grandes intelectuales y poetas de nuestro país la catedral leonesa es la iglesia más admirada y reconocida de entre todas las españolas. Creyentes o profanos, liberales o conservadores, progresistas o reaccionarios, aparecen, por igual, conmovidos por la belleza, estructura y significado del templo leonés.

Ponz, Quadrado, Gómez Moreno, Sánchez Albornoz, Pere Corominas, José Sánchez Rojas, Eugenio Montes, Azorín, Unamuno o Josep Pla, entre los primeros, y Lorca, Machado, Valle-Inclán, Moreno Villa, Enrique Rivas, Bacarisse, Diego Jesús Jiménez o Rodríguez Búrdalo entre los segundos, dejaron escritas las más bellas, profundas y sugerentes emociones al contemplar la catedral.

El menorquín Antonio Ponz, historiador, pintor y pensador, uno de los más grandes escritores ilustrados de libros de viaje y autor de la obra magna «Viaje por España», publicada en diecisiete volúmenes, señala, en una apretada síntesis exenta de apasionamiento, los elementos más conocidos, y también los más tópicos, de la catedral.

Vamos ahora recorriendo las cosas más notables de León, y empezando por la catedral, que es de tres naves grande y espaciosa, las colaterales menores que la del medio, muy bien se puede decir que, en su género gótico, es una de las cosas más particulares que pueden verse, atendiendo a su gentil y delicada construcción, a la finura de sus ornatos y sobre todo a su fortaleza junto con tan poco espesor de paredes, que parece milagro puedan mantener la gran máquina.

Es casi imposible describir las infinitas labores que hay en sus dos portadas de Poniente y Mediodía ni el buen efecto que hace a la vista la primera, que es la principal con sus dos torres a los lados. Se baja al suelo del templo por algunas gradas. No puede usted creer qué seriedad y majestad resulta y se concibe de esta primer ojeada y es que no hay retablos, retablitos, ni otros objetos mezquinos en el cuerpo de la iglesia, sino que se elevan las paredes de las naves colaterales con vidrieras desde arriba a bajo.

Estas vidrieras llegaban antes hasta el suelo, si es cierto lo que he oído, y que tapiado después el orden inferior, quedaron los dos de encima, que ciertamente sorprenden por lo pintado de los vidrios, que se dice costaron cincuenta mil ducados, y por el trepado de fábrica en las ventanas. El primer fundador de este gran Templo fue el rey don Ordoño Segundo de León, cediendo para este efecto sus palacios. Se ve su sepulcro en el respaldo de la capilla mayor, para aquellos tiempos suntuoso.

Ya sabe usted aquel antiguo refrán de las iglesias:

Toledo en riqueza,

Compostela en fortaleza,

Y León en sutileza;

esto es, en la delicadez de las labores. Vamos ahora a la sacristía, en donde hay cosas buenas de que hablar y empezando por la custodia de plata, obra del célebre Enrique de Arfe, que con su peana creo que llega a diez pies de altura, merece toda atención por quien las hizo, que era natural de León y por el sumo trabajo que hay en ella. Es del estilo que llamamos gótico: consta, si no me he

equivocado, de cinco cuerpos, y remata en obelis-
co. Se representa en lo alto del crucifijo, después
el Señor atado a la columna y en el espacio corres-
pondiente al viril se ven cuatro ángeles con sus in-
censarios; más afuera los cuatro doctores; y en lo
demás de esta obra hay un sinnúmero de asuntos
en medallas y figuras, hecho todo con suma diligencia: no he podido averiguar su peso, ni el año
en que se concluyó y parece que la costeó la piedad
de los fieles con sus limosnas. También se tiene por
del mismo Villafañe una Cruz y otras alhajas.

Con más sentimiento y mejor literatura, el historiador
y periodista José María Quadrado, hombre profundamente
católico, escribe:

Al desembocar por la angosta calle del Cristo de la
Victoria en la vasta plaza de la Catedral, ofrécese a
los ojos el más gentil espectáculo que pudo com-
binar el arte y crear la fantasía. Descubierto por
el frente y por el flanco, dominado por las agujas
de crestería de dos altas y robustas torres, eriza-
do de pináculos y botareles de varias formas, re-
forzado por contrafuertes y arbotantes, ceñido de
andenes y calados antepechos, perforados de arriba abajo sus muros por dos órdenes de ventanas
ojivales presentando triple portada al occidente y
triple portada al mediodía cuajadas de primoro-
sas esculturas, tiéndese cual largo es y elévase a

su mayor altura el grandioso monumento, permitiendo abarcar en una sola mirada su incomparable armonía.

El pintor, arqueólogo y catedrático granadino Manuel Gómez-Moreno, escribe sobre una catedral sin tiempo ni edad, «siempre joven y siempre hermosa».

Nada superior en su magestad (sic) y gentileza a la nave de tres bóvedas realzadas en su crucero, ni en primor a los trepados y esculturas de las cornisas y arranques de los arcos, ni en brillantez a las rasgadas vidrieras que alumbran la capilla del apóstol de las Españas.

(…) Sentado en la cajonería que rodea la estancia, el viajero no se cansa de contemplar las doce vírgenes, los doce obispos y los doce apóstoles que en tres órdenes sobrepuestos se diseñan sobre los vidrios de las tres colosales ventanas, vestidas con los más fúlgidos colores del sol de azul y oro, de púrpura y esmeralda.

(…) Otros monumentos se ligan con una época o con un país determinado y cobran valor y sentido de los hechos que recuerdan; la catedral de León, empero es un todo tan perfecto, una aspiración tan sublime y espontánea, un homenaje tan expresivo de amor y adoración al Supremo Poder y a la Belleza suma, que siempre joven, siempre hermosa, carece de edad; y en vez de recibir los sombríos y melancólicos reflejos del pasado, ilumináse de lleno con los resplandores del sol que nunca muere en la noche de los tiempos.

El político, historiador e intelectual Claudio Sánchez Albornoz, gran estudioso de la historia leonesa cuenta, emocionado, la tarde en que se quedó encerrado dentro de la catedral.

A ninguna ciudad de España, ni siquiera a mi Ávila adorada he consagrado páginas históricas parejas a la que he dedicado a León (...) Naturalmente, trabajé en el archivo de la catedral de León. Tan habituados estaban a mi presencia, que un día cerraron sin acordarse de mí.

Horas inolvidables; ¡que emoción el recorrer solitario la Catedral entre altares y tumbas! Mientras paseaba por el claustro veía deslizarse las golondrinas en el azul del cielo, como burlándose de mí. ¡Qué tentación la de pasar una noche en aquellos lugares de ensueño!

Ante la visión de la catedral, el catalán Pere Corominas, político, escritor y periodista, lejos de contraponer ésta a la basílica de San Isidoro, como hacen algunos de los viajeros, entiende que, a pesar de la diferencia de estilos, la catedral nace de San Isidoro toda vez que el «novel y sensual arte románico anuncia ya la futura elegancia de la catedral».

Acompañado de muy buenos amigos di un día una vuelta por el pasadizo exterior practicable sobre las naves laterales y el ábside de la sutileza de piedra que se llama Catedral de León. Nada más conmovedor que aquella trabazón de nervios gigantes, de arcos botareles, gallardos flámeros, barandillas caladas, portales, escurrideros y variadísimos obstáculos que obligan a andar con sumo tiento, agazapándonos unas veces y dejando otras asomar el cuerpo sobre el vacío. A un lado quedan las ventanas con sus mágicas vidrieras de colores y los gigantescos muros de bien ordenada mampostería; al otro, y abajo, la ciudad, con sus grisáceos polígonos de tejas, sobre los que se destaca el viejo campanario románico de San Isidoro. Más allá se extienden la línea clara del Bernesga y esa ondulación amable de tierras de labor que van a encontrar la silueta de los montes en la lejanía (...)

En vano será que me habléis de los maestros extranjeros que imaginaron estas arquitecturas, pues yo os diré que ni ellos ni sus hermanos volvieron a concebir en otro ambiente otra sutileza de piedra como esa que supieron construir en la corte de León. Y si se me dice que lo propiamente autóctono es la Colegiata de San Isidoro, donde el sentimiento visigótico del arte pugna por imponer el pesado aplastamiento de sus masas, y aún la especial curvatura de sus arcos, al novel y sensual arte románico, yo dirá que aún allí la gracia de los colores y la exuberante riqueza de las formas anuncian ya la futura elegancia leonesa de la Catedral.

El arte arquitectónico no puede considerarse como una importación de masones extranjeros, no como manifestación aislada de un maestro, ni como expresión extravagante del sentimiento popular, ajena a esas otras que se dan en la literatura y las demás artes. En los más viejos romances veréis los reyes leoneses, su corte y su pueblo, imbuidos de ese espléndido espíritu visigótico, agudizado por su contraste con la sobriedad y la rudeza de los condes castellanos en una degeneración elegante, graciosa y casi afeminada.

¿Qué se hizo de esa aristocracia que dejó moldeada en las piedras de la Catedral de León la fórmula de su refinada elegancia? ¿Dónde están los herederos de esos condes de palacio que concibieron la restauración visigótica inspirando las primeras crónicas nacionales, restableciendo el culto de San Isidoro de Sevilla, reanudando los Concilios de la Iglesia con fines políticos y patrióticos y aun intentando renovar la vigencia legal del Fuero Juzgo?

Vagando en torno a esa Catedral, ya en las alturas, ya en la desierta plaza que medio la envuelve en un manto de soledad, se hizo clara en mi mente esa idea que también me asaltó alguna vez en el «Foro Romano»: que la raza augusta autora de tales hechos se había extinguido o emigrado, y que en su histórico solar pululaba una multitud extraña, sin nexo alguno sentimental con la raza desaparecida (...) En una calle próxima, de cuyo nombre tampoco quiero acordarme, una multitud disciplente cifraba en el compás monótono de sus pasos la puebleril distinción de su insignificante vanidad (...) El rebaño humano se solazaba escuchando el ovejuno rumor de sus pasos. Las querellas de una raza emigrada o extinguida se confundían en el susurro de la brisa al doblar las múltiples aristas de la catedral.

El salmantino José Sánchez Domingo, más conocido por José Sánchez Rojas, periodista, escritor y traductor, gran amigo de Unamuno, y, ya en su época, activo defensor de la región leonesa, escribe, quizá, uno de los textos más líricos y profundos que puedan encontrarse sobre la catedral de León. Del exterior del templo dice:

Me levanto temprano para renovar impresiones estéticas ante este prodigio de piedra que se llama la Catedral de León. Acaban de sonar las ocho; el cimbalillo capitular llama a los canónigos de la vieja Santa María de la Regla para los cantos matinales. Enfrente de mi ventana, en el patio del hotel, sobre los tejadillos sobresalen las agudas cresterías de las torres altas y desiguales de la Basílica.

A lo lejos, limitando una calleja transversal, se columbra el lienzo negruzco de una enorme casona solariega. Abren sus tiendas los comerciantes con estrépito. Y el sonoro candadillo sigue trenzando en el silencio de la mañana los alegres tañidos de su bronce.

Ya estoy en la plazuela, ante el pórtico primoroso de la Basílica. Las arcadas apoyan su ojiva sobre pilares aislados y redondos. Las estatuas, peanas y doseletes se agrupan llenos de gracia, bajo la portada. Santa María la Blanca, coronada, con su niño Jesús en el brazo izquierdo, sonríe presidiendo su corte peregrina de apóstoles barbudos, profetas pesimistas, reyes vanidosos y santos humildes, desde el trono de su columnata gótica. El adusto ceño de estas estatuas, la expresión, la fisonomía, el vestido contrastan grandemente con la alegría de la plaza, soleada por este sol mañanero y alegre que da a las cosas una transparencia de cristal.

Antes de penetrar en la iglesia me detengo en el testero de la puerta. Las figuras de este Juicio final, tallado en piedra, han llenado otras veces mi espíritu de emoción inefable. He aquí el Supremo Juez, con su diadema en la cabeza, airado, ceñudo, adusto, con los brazos extendidos, enseñando las llagas de su pasión en el Calvario a los protervos y pecadores; he aquí dos ángeles que le custodian, y Santa María, y el discípulo amado, pidiendo al buen Jesús que deponga su ceño y perdone a los mortales que pecaron. Y debajo, ángeles y arcángeles, serafines y vírgenes del yermo, penitentes y obispos doctorales escuchan la sentencia, mientras a la izquierda espantables demonios arrojan a los protervos en calderas hirvientes. En ellas les tragan y vomitan monstruos horrorosos de muy difícil clasificación zoológica.

Ya, en el interior, pleno de misticismo y literatura, nos ofrece una deliciosa visión de la esencia más pura del espíritu que impregna la catedral.

Ya estoy en el templo. La luz mañanera entra de lleno en las naves a través de la policromía de los cristales. Muy pronto pierdo en la Basílica toda noción de gravedad. Los delgados y esbeltos pilares, las columnas adosadas, los nervios delicados, los rosetones de piedra, parece que se desprenden de la tierra, que no están sustentados en ella, que son de humo, que son de fuego, y que ascienden hacía lo infinito, como asciende una hostia en las manos de un sacerdote, en el momento del sacrificio. El órgano llora en estos momentos las tristezas de David, zumbando roncamente lamentaciones centenarias, mientras la iglesia, globo de cristal, asciende con nosotros por los cielos, depuradores de toda suerte de escorias terrenales.

Rezamos en la iglesia. Nuestra plegaria, envuelta en el incienso de nuestra emoción, nos lleva a un paraíso de luz y cristal donde las cosas nos proyectan su penumbra, donde los ángeles caribobos sonríen con gestos aniñados; donde las Vírgenes del Señor nos cogen de la diestra para enseñarnos un camino nuevo. Esta iglesia tiene su perfume, su encanto, su alegría, su optimismo, su niñez perenne. No tiene paredes, no tiene muros, no tiene cimientos la Catedral de León. La piedra en ella no es fruto ni flor. No es siquiera piedra. Es anhelo, gloria, ansia de eternidad y de vida.

Y ya no veo, ya no se definir más impresiones, ya no se percibir la elegancia, la esbeltez, la gallardía de sus tres naves caladas, de su bóveda arrogante y desafiadora, de la preciosa galería de su triforio. La línea de las ventanas bajas, coronada por un antepecho plateresco, es, en estos momentos, una raya cegadora, donde el haz de rayos solares se descompone en vetas rojas, amarillas, añiles, azules, verdes, que ensancha la iglesia de cristal, iluminándola, alumbrándola, quemándola, como si el padre Sol no hubiera venido a la tierra, más que a besar ardorosamente a su hija predilecta, que extiende por los hombres de su fachada, ahí fuera, sus cabellos rubios y esplendorosos...

(...) Sigue diciendo su misa el sacerdote. Orate frates (...) Está misa, con esta paz, con esta transparencia, con esta cegadora luz estival, es de un hechizo inefable (...) Seguimos en el banco, prisioneros de la hora. Con estas catedrales españolas íntima y se familiariza inmediatamente nuestro espíritu. Toman cuerpo en estas iglesias mayores de Castilla los lamentos de las gentes que han venido a llevar sus cuitas a los altares silenciosos, los ayes de dolor de cien generaciones que se han apagado bajo estas naves con el bálsamo de la oración y el consuelo de la fe, los anhelos de esperanza y de optimismo que han nacido como flores de emoción, en estos palacios encantados de cristal (...)

95

Permanezco no sé cuántas horas en la Catedral. Y salgo contento de mí mismo, animoso, resuelto no sé a qué, oyendo una voz interior que me designa una misión, no se cual. Fuera, en la plazuela, bajo los soportales fronteros a la fachada norte, un organillo desgrana las notas de una canción canallesca. Pero yo me ha saturado de pureza dentro de estas naves y mi espíritu no percibe las estridencias de la tierra, y sueña despierto, con los ojos abiertos, por las calles de la vieja capital del reino de León.

No menos profunda y sugerente es la visión que de la catedral nos deja Eugenio Montes. El escritor, intelectual y académico gallego también piensa que entrar en la catedral de León es como separar la tierra del cielo y concluye, para estímulo de leonesistas, que la catedral es el único consuelo para León, toda vez que «Castilla no se desposó con León; lo borró dejándolo en una esquina, viudo.»

En la catedral leonesa se cuajó en perfección como en si misma eternidad la hizo, el arrojado ensueño del gótico: desafiar las leyes de la gravedad, los deberes de la tierra, suprimir los muros, que desaparecen en un escamoteo de vidrieras. Eso, claro está, implica el estilo en confianza de todos sus recursos, llegado al colmo de sus dones, tras un grito triunfal de Beauvais, e implica confianza absoluta en el cielo, pues, sin paredes, una arquitectura solo puede tenerse si está en las manos de Dios. Implica, pues, el milagro.

Sus constructores aprendieron, sin duda, en Reims y en Amiens. Pero no por ello se le puede llamar francesa, pues Juan Pérez lleva su nombre en castellano; ni de las Galias viene la luz que enjoya los cristales; y eso, la luz, es la persona metafísica o teologal que señorea la alada física de la fábrica.

El leonés Alfonso IX imaginó una catedral como una joya para sus nupcias con la castellana Berenguela. Pero si la imagen se convirtió entonces en realidad, si Castilla se casó con León, porque Castilla no se casa con nadie, sino con el destino de España, que el reino leonés —un Bizancio para pobres— no cumplía.

No; Castilla no se desposó con León: lo borró, dejándolo en una esquina, viudo. Pero para consolar esa viudedad le regalo al enlutado una rosa aurea, y, para acompañar sus soledades, le dio esta transparente, ingrávida compañía de santos, querubes, monarcas, prelados, caballeros, monteros, emblemas y heraldos, para que, con sus Ordoños y sus Ramiros, sus infantes y sus condes, el reino leonés suba a la corte celestial cuando suenen angélicas trompetas.

El gran prosista de libros de viaje, incansable viajero por España y acreditado periodista Antonio Martínez Ruíz «Azorín», nos deja dos testimonios sobre la catedral leonesa. En el primero, con una alusión directa y explícita a la catedral de León y en el segundo, perteneciente a su obra Castilla, con referencias intercaladas de diversas catedrales de Castilla y León. En el primer relato dice:

(...) En la lejanía destellan, descollando en el azul purísimo, las torres y chapiteles de León. Sobre la cortina verde de la fronda se levanta el poblado. Por encima de la masa parduzca de las edificaciones se enhiesta airosa la mole de la catedral. Catedral más sutil y elegante nunca fuera erigida. De sus anchas vidrieras, matizadas en todos los colores, fluye en el vasto ámbito, luz suave. León es, sobre todo, la levadura de España. En León se ha formado el núcleo de donde naciera España. La parla española más grave viene de León. Cada piedra de León es fundamento de España y si las piedras de León hablaran dirán «Salve España».

(...) Durante la dominación romana —ochenta años antes de la era de Cristo— se levantaba en la pequeña ciudad un vasto y sólido edificio de tres naves: era un gimnasio público y una casa de baños. En las aguas, frías o templadas, de las piscinas, sumergirían sus cuerpos recios mozos y bellas jóvenes; acaso, en aquellas estancias, algún romano (...)

(...) El edificio de los baños era recio, sólido; un rey godo lo hizo su palacio dos siglos después; otro rey, en 915, dedicó a iglesia este palacio suyo y de sus antecesores. En la nave central puso el altar de Nuestra Señora; en las laterales, el de los apóstoles y el de San Juan Bautista. El año 996, Almanzor entró en la ciudad; hizo estragos su bárbara gente. Destruyeron el caserío, arrasaron las murallas, demolieron el templo. A Córdoba regresó el caudillo cargado con las lámparas de la iglesia. Reedificó la iglesia en el año 1002 el obispo Fruminio; a la piadosa obra consagró sus riquezas; en torno del viejo edificio —ahora restaurado— edificó viviendas para los canónigos, que entonces hacían vida regular. Hasta fines del siglo XII duró la nueva edificación. Florecía ya en Europa en este tiempo el airoso arte gótico.

En el segundo texto, con más ambigüedad, apunta:

La catedral es fina, frágil y sensitiva. La dañan los vendavales, las sequedades ardorosas, las lluvias, las nieves. Las piedras areniscas van deshaciéndose poco a poco; los recios pilares se van desviando; las goteras aran en los muros huellas hondas y comen la argamasa que une los sillares. La catedral es una y varia a través de los siglos; aparece distinta en las diversas horas del día; se nos muestra en distintos aspectos de las varias estaciones. En los días de espesas nevadas, los nítidos copos cubren los pináculos, arbotantes, gárgolas, cresterías, florones; se levanta la catedral entonces blanca sobre la ciudad blanca. En los días de lluvia, cuando las canales de las casas hacen un ruido continuado en las callejas, vemos vagamente la catedral a través de una cortina de agua. En las noches de luna, desde las lejanas lomas que rodean la ciudad divisamos la torre de la catedral, destacándose en el cielo diáfano y claro. Muchos días del verano, en las horas abrasadoras del mediodía, hemos venido con un libro a los claustros silenciosos que rodean el patio.

También, Miguel de Unamuno glosa la sencillez y elegancia de la catedral leonesa, ampliando la observación que de ella realiza Quadrado «La catedral de León se abarca de una sola mirada y se la comprende al punto.» Sencillez, que traslada a lo que, a su juicio, debiera revestir la literatura, en general, y, en particular, la poesía. La esencia justa y pura, desprovista de ornamentos.

Hay un dístico latino que refiriéndose a cuatro de nuestras viejas catedrales españolas reza así:
Sancta ovetensis, pulchra leonina;
Dives toletana, fortis salmantina;
es decir: Santa la de Oviedo, por sus muchas reliquias; bella la de León, rica la de Toledo, fuerte la de Salamanca, la vieja, la románica, no la nueva, la que en el siglo XVI se empezó. Y he traducido pulchra por bella, como pude traducir elegante o bonita. Y lo es más, sin duda, que no por hermosa. Porque esta elegantísima y bella catedral gótica leonesa no tiene ni lo pintoresco y variado de la de Burgos, ni la magnificencia de la de Toledo, ni la solemnidad de la románica sede de Santiago de Compostela, ni el misterio que tienen las de Ávila

y Barcelona, menos celebrada esta última que merece serlo. La catedral de León se abarca de una sola mirada y se la comprende al punto. Es de una suprema sencillez y, por lo tanto, de una suprema elegancia. Podría decirse que en ella se ha resuelto el problema arquitectónico, a la vez de ingeniería y de arte, de cubrir el mayor espacio con la menor cantidad de piedra. De donde su aérea ligereza y aquellos grandes ventanales, cubiertos de vidrieras con figuraciones policromas, donde la luz se abigarra y se alegra en tan diversos colores.

Lo cual me sugirió una reflexión traslaticia o metafórica aplicada al arte de la poesía y en general a la literatura. Y es que así como en este genuino arte gótico de arquitectura se llega a cubrir grandes espacios con poca piedra, sin más que tallarla y agruparla bien, así en la poesía ha de cubrirse o encerrarse el mayor espacio ideal, se ha de expresar el mayor contenido posible representativo, con el menor número de palabras, sin más que tallarlas o agruparlas bien. ¡Y cuán lejos de ello estamos en España! Nuestra poesía y nuestra literatura en general nada tienen de góticas en este sentido; son más bien platerescas y aun barrocas, por el exceso de ornamentación nada constructiva, y bajo el cual se pierde la línea. Pensamiento poético que puesto en prosa exija menos palabras que aquellas con que en verso lo expresó un poeta, podéis asegurar que éste lo expresó mal.

No voy a describiros, claro está, la catedral de León. El que quiera verla descrita puede leer lo que de ella escribió don José María Quadrado en el tomo que a Asturias y León dedicó en la obra España; sus monumentos y artes, su naturaleza e historia.

Todos sabéis que las catedrales góticas son vertebradas, es decir, tienen un esqueleto de columnas y crucerías recubierto de carne de piedra, y que el peso de todas las bóvedas se echa hacia afuera, sosteniéndolo los contrafuertes, con sus arbotantes. De aquí que a la ligereza y esbeltez del interior corresponda una robusta y complicada fábrica exterior. Y así ocurre con la de León. Pero por dentro esta catedral, que podríamos llamar modelo de gótico, tan pura, tan aérea y tan clara, le encuentro que le falta recogimiento y misterio. No es fácil esconderse y aislarse en ella. Se ha dicho también, no sé con qué fundamento, que es poco española. Verdad es que se le ha negado casticidad a nuestro arte arquitectónico, de importación lo mas de él, sobre todo el gótico. La nuestro parece ser una parte del románico, el llamado visigodo y el plateresco. Pero las catedrales góticas nos vinieron de Francia. Sus maravillas en el género, las de París, Reims, Chartres y Bourges, decidieron su introducción en España; Fernando el Santo parece haber sido gran admirador del estilo gótico francés, y en su reinado se alzaron las tres grandes catedrales góticas españolas, las de Burgos, Toledo y León.

Finalmente, el gran escritor y periodista catalán Josep Pla, observa:

> Toda la población se encuentra, sin embargo, puesta bajo los efectos de su inmensa, impresionante, prodigiosa catedral gótica. Su volumen es tan grandioso, que afecta a la totalidad del urbanismo ciudadano que la rodea. Después de la catedral, parece que todo lo restante de León es muy poco, por no decir nada —incluso alguna pieza de arquitectura que en otras loas tendría un gran relieve. La catedral lo mata todo y, aunque su planta se encuentre sobre el mismo plano de la ciudad, parece que todo lo demás queda en la planta de sus pies.
>
> Ante una situación semejante, no debe de ser muy divertido hacer de arquitecto en León.

Los poetas

Federico García Lorca que visitó León, al menos en dos ocasiones, no dejó, sin embargo, ningún testimonio escrito de sus viajes a la provincia. De la segunda visita realizada en el año 1933 acompañando al grupo teatral «La Barraca», si bien no escribió sobre la catedral, si habló según recoge el periodista y poeta local Francisco Pérez Herrero.

Ante la catedral no sé qué decir. El silencio es la mejor respuesta. Una sola palabra no haría otra cosa que profanar la grandeza de su luz, su poesía, la maravilla de sus muros de cristal y la majestuosidad de sus bóvedas. Esta mañana me la pasé toda en ella, sentado en una silla baja como una beata visionaria bañándome en el fervoroso anhelo que es toda ella. Por eso no pude fijarme en el detalle, absorbido todo yo como estaba, con su sublimidad.

Antonio Machado también estuvo en León en varias ocasiones, especialmente, para visitar a su hermano menor Francisco director, entonces, de la prisión provincial. De la ciudad y de la catedral dejó escrito el poeta este hermoso soneto.

Verás la maravilla del camino
camino de soñada Compostela
—¡Oh monte lila y flavo peregrino
en un llano, entre chopos de candela
Otoño con dos ríos ha dorado
el cerco del gigante centinela
de piedra y luz, prodigio torreado
que en el azul sin mancha se modela
verás en la llanura una jauría
de agudos galgos y un señor de caza,
cabalgando a lejana serranía,
vano fantasma de una vieja raza.
Debes entrar cuando en la tarde fría
brille un balcón en la desierta plaza

El gran Valle-Inclán, casado con la actriz leonesa Josefina Blanco y hermano de Carlos Valle-Inclán que fuese notario en Sahagún durante varios años habla, por dos veces, de la catedral. La primera en un relato recogido en su libro «La lámpara maravillosa» y la segunda en un poema perteneciente a la obra «El pasajero».

En el relato escribe:

Recuerdo también una tarde, hace muchos años, en la catedral leonesa. Yo vagaba en la sombra de aquellas bóvedas con el alma cubierta de lejanas memorias. Ya entonces comenzaba mi vida a ser como el camino que se cubre de hojas en otoño. Había entrado buscando un refugio, agitado por el tormento angustioso de las ideas y de pronto mi pensamiento quedó como clavado en un dolor quieto y único. La luz en las vidrieras celestiales tenía la fragancia de las rosas y mi alma fue toda en aquella gracia como un huerto sagrado. El dolor de vivir me llenó de ternura. Y era mi humana conciencia llena de un amoroso bien, difundido en las rosas maravillosas de los vitrales, donde ardía el sol. Amé la luz como la esencia de mí mismo, las horas dejaron de ser la sustancia eternamente transformada por la intuición casual de los sentidos, y bajo el arco de la otra vida, despojado de la conciencia humana, penetré cubierto con la luz del éxtasis.

¡Qué sagrado terror y que amoroso deleite! Aquella tarde tan llena de angustia aprendí que los caminos de la belleza son místicos caminos por donde nos alejamos de nuestros fines egoístas para transmigrar en el Alma del mundo»

De la catedral y su entorno nos deja los siguientes versos:

Álamos fríos en un claro cielo azul
con timideces de cristal
sobre el rio la bruma como un velo
y las dos torres de la catedral
Los hombres secos y reconcentrados
las mujeres deshechas de parir
rostros obscuros llenos de cuidados
todas las bocas clásico el decir
La fuente se seca, en torno al vocerío
los odres a la puerta del mesón
y las recuas que bajan hacía el río
y las niñas que acuden al sermón
¡mejillas sonrosadas por el frío
de Astorga, de Zamora, de León!

El gran pintor y poeta vanguardista malagueño José Moreno Villa que se inspiró en los fantasmagóricos detalles de la fauna de la catedral para su obra «Bestiario», dice de la misma:

El alma antigua, ruda y llena
de delicadas fantasías
levantó el aire esta colmena

que da su miel de ave-marías
El alma indócil, aplastada
sajó el pistón de los pecados
se yergue al cielo, sublimada
por el dolor de los penados
Tienes plasmada el alma antigua
en el color de tu semblante
¡El alma antigua ruda y llena
de terroríficas visiones
sale a mi paso y me encadena
entre la red de sus ficciones!
Y esa flor tierna, adolescente
que me acompaña noche y día
—mi Beatriz— ella no siente
ni ese dolor ni esa poesía
ni el ritmo eterno de la pena
subiendo en roca al infinito
ni la pasión que se condena
en unos bloques de granito.
El alma moza, toda brío
toda llaneza y floración
prosa rastrera y desvarío
y libertad de corazón.

El poeta y escritor madrileño Enrique Rivas exiliado muy joven a México e hijo del dramaturgo y diplomático Cipriano Rivas Cherif nos deja un breve poema sobre la catedral, sin haberla visto más que en una pequeña fotografía. A su vuelta del exilio vendrá a León solo por conocer el templo que le inspiró estos versos:

«Catedral de león, tierra de España
tu augusta soledad no la conozco
tus torres, nobles piedras, las he visto
en pálidas imágenes tan solo.
Pero sé, Catedral,
que en el silencio de tus bóvedas frías
hay un alma y buscando el recuerdo que no tengo
quiero perderme solo, en tus entrañas.»

Mauricio Bacarisse, poeta, ensayista, traductor y periodista que estuvo varias veces en León debido a su cargo de
inspector para el norte de España en una compañía asegu-
radora, en un extenso y bello poema titulado «Romances a
la catedral de León», publicado en 1930, escribe:

I
La catedral leonesa
arde con luces tan vivas
que al vidente vuelve ciego
y al ciego torna la vista
La catedral leonesa
hogar de cristalerías
ni tocones ni sarmientos
ha menester, sino briznas
de piedra, patas de araña
minerales, tenues, finas
para la pira de tonos
que arden con algarabía
de salterios de arco iris
de los tímpanos de chispas

de los órganos de aurora
y cítaras de alegría.
No se dormirán los ojos
con tu música encendida.
Despertará la ceguera
verán lo que no veían
los opacos cristalinos
las desdichadas retinas
¡Catedral para los ciegos,
casa de Santa Lucía!
La luz que dan tus vitrales
es ardor de maravilla
de un incendio milagroso
y es tan bella como digna
de que todos la miremos
Ella ha de abrir las pupilas
y cuajará cristalinos
en los ojos; la divina
claridad todo lo puede
y ser gozada es tu dicha
Si un día ciega mi madre
la llevaré, peregrina
lazarillo de su pena
a ti, radiante basílica
que la bañarás en luz
y le volverás la vista

II

Yo me casaré en León
con la que es toda mi vida

en la catedral de piedras
preciosas y áureas sonrisas
en el vergel de colores
en el jardín de armonía
en el abril secular
que da una flora infinita
¡Ay, catedral leonesa
yo te traeré a mi chiquilla
y huiré con ella en la nube
del incienso de tu misa!
yo no la traeré de blanco
a mi santa pura y limpia
Yo no la traeré de blanco
ni con la frente ceñida
de cándido azahar, aunque es
estrella de letanía,
faro de marfil, espuma
de una mar intacta y mística
pues las vidrieras de iris
la mancharán con sus tintas
y en la blancura doncella
caerán las corolas vivas
las frutas abigarradas
las cosechas cristalinas
Ella vendrá a tú verbena
a tu aurora de alegría
vestida de mil colores
a ponerse de rodillas
a la luz del sacramento
que es luz de policromía

¡Ay, catedral leonesa
yo te traeré a mi santita
con claveles en el pelo
y pañuelo de Manila!

También, el poeta, pintor y periodista madrileño Diego
Jesús Jiménez, en un extenso poema, dice de la catedral:

I
Aparente quietud,
tiempo herido de sombras; frontera de la noche
donde la piedra teje un invernal silencio
que dibujan las cúpulas.

Perseguían mis ojos el vuelo de los pájaros
y, a su través, intentaba dar término
a sus formas sagradas. La visión no haya nido ni cumbres
en las que reposar. Hogueras de la luz
sus límites celestes. Volumen insaciable
del tiempo, tallado allí donde encienden los ángeles
sus hogueras de nieve.
Tempestad en la piedra la memoria, vuelve
Tu mirada hasta el mar; escucha
Su geometría de sonidos tallados por la lluvia,
Derramarse en la noche de los siglos su altura.

II
Es altar de la luz,
bosque de sueños incendiados, una ciudad
dentro de otra ciudad; en sus palacios

no hay quietud ni sosiego en sus calles.
Es un ir y venir de la mirada el tiempo,
suspendido murmullo de cristal
donde narra el color episodios piadosos.
Huye hacia la espesura del paisaje
la pasión por vivir.
¿Qué turba a los mercados?
¿Qué en la codicia del dinero entrega,
al mismo tiempo, libertad e injusticia?
Mas, de pronto, en la tarde,
ante la sombra de una flor
abre el hombre sus ojos, recibe
su pensamiento de las cosas; contempla los arroyos y
comprende, sabedor de la noche, su largo viaje hasta la
    vida misma.

III
En su interior las noches
quemadas de la historia. El concierto de aromas
que del coro desciende, entrega a la memoria
la cadencia del ritmo que las sombras construyen
Embellecido el orden,
tensa su altura en el espacio el tiempo. Lo mismo que la
    muerte
en su cámara oscura, enciende oscuridades sucesivas
para no ser hallada, así el vacío
murmullo que halla el tacto en el mármol, recorre las aristas
del sepulcro en la tarde. Finge seguridad
la mano que acaricia el cauce de la línea: escarchado
    horizonte,

donde el estremecimiento de la muerte, no explica sino la
gratuidad de haber vivido.

IV
La herida que concede a los héroes la gloria,
el mapa de los bosques; espacio detenido
en el que la materia enciende la eternidad de su fulgor.
Las vidrieras reflejan
los sonidos del agua y, desde el coro, las voces de los fieles
ante el supremo honor de los altares
iluminan el templo.
Suspendido paisaje el vuelo de las aves
esbozan en el cielo nuevas formas posibles;
pues no acaba en sí mismo el gótico en su gloria. No
descansan tus ojos
ni la razón acierta al azar entregada.
Esqueleto vivísimo es el aire. Las palomas aventan
un apagado viento gris, un oleaje denso
de espejismos de piedra.
Transitorio es llegar
a parte alguna. Transitorio el sentir
y el pensamiento.

Finalmente, el poeta, escritor y militar extremeño Juan
Carlos Rodriguez Búrdalo escribe:

Mordidos por la roña de los siglos
enfermas las venas de cruel herrumbre
los que fueron rostros un día
y carne de la piedra

y afán de la eternidad
y envite al tiempo
hoy nos miran sin pupila
claro aviso de las horas devastadas
contorno solo (…)
(…) Pero es dentro el desposorio de la luz
y los vitrales.
En la fértil crestería
oficia la luz caricias abundantes:
pone un tálamo de estrellas por la altura
enjoya de espejos el silencio
olvida un guiño atrevido en los retablos
testimonio de un vuelo indefinible en las vidrieras
y tiñe con oro los sonidos del color.
Se miran en las bóvedas
los sueños, la vértebra que frunce
tanto frágil, la luz toda.
Afuera
la ciudad trajina ocupaciones y tedios
la cruda forma de vivir, apresurada e inmutable
a tanta Historia, cercana y proclamada.

Actuales

Por último, los escritores y periodistas actuales Dasso Saldívar, Gregorio Morán, Miguel Barrero, Nativel Preciado, María José Solano y Fernando García de Cortázar, todos ellos con buena literatura, enhebran páginas certeras sobre la catedral.

El colombiano Dasso Saldívar, biógrafo de García Márquez, guiado por los versos del poeta Antonio Gamoneda, escribe:

(...) Habíamos llegado de la mano acaso más segura de la tarde, pero pronto nos dimos cuenta de que el peligro era mayor, pues el lugar dónde más acecha la belleza y el silencio puede dejarlo a uno aturdido, es en esa inmensidad sagrada de la Catedral a las seis de la tarde, cuando el viajero se interna en un bosque gótico con sol propio que estalla en figuras multicolores. Luego al anochecer aquella euritmia de arbotantes, hastiales, botareles, ventanales, rosetones y pináculos se enciende por fuera en toda su plenitud, se eleva, sobre la ciudad y se adueña de la noche.

Viéndola así, con su ingravidez y su palidez lunar, se hace evidente que la catedral es el gran espectáculo arquitectónico, estético y espiritual que llena el espacio de León y algo más: su ámbito sagrado y su soberbia gótica bañan el espíritu de todos los leoneses.

El veterano escritor y periodista asturiano Gregorio Morán, abunda en lo que muchos viajeros perciben del templo: su carácter sobrenatural, su sentimiento y su belleza.

A la catedral hay que verla después del mediodía, con sol radiante, para que las vidrieras y los rosetones estén colmados de luz. Luego, si el azar acompaña y hay buena música de Cabezón o Vitoria, se podrá saber lo que es la gloria. Tuvimos suerte y alguien ensayaba al órgano.

La catedral de León no es solo una obra de arte sobre la que casi todo está escrito, hay que verla como espectáculo donde los caminantes, peregrinos, vagabundos, señoras de labor, todos, sentían al penetrar la magnificencia del poder. Lo sobrenatural se hacía realidad apenas traspasar la puerta. Algo tan inconmensurable de belleza y proporciones no podía ser solo humano. Quedaban hincados de rodillas, porque algo hay en el hombre para que lo colectivo cuando es grandioso se atribuya a la divinidad.

El claustro, en eterna reconstrucción, tiene el aire de las ruinas de Bomarzo, retazos de decadencia desparramados al buen albur. Rompen con la manía de los restauradores de pretender que los monumentos sean como nos los imaginamos para ser solo piedras desmontadas, bellas y tristes, abandonadas. Están así porque sufrieron la historia y no como decorados. Ese es su sitio y que cada cual las reconstruya en el lugar que ocupan en su memoria; si es ninguno, tanto da. Saldrá igual que entró.

Pocos sitios retratan el esplendor y la decadencia con la brillantez de esta impecable catedral, su claustro escombrado y el museo vecino, dónde somos los únicos visitantes y dónde aún se puede admirar lo que fue la devoción y el sentimiento y la belleza cuando aún no estaban divorciados.

Otro asturiano, el joven periodista, ensayista y escritor Miguel Barrero habla de la magia, de la alquimia, de la luz y del color de la catedral.

La catedral de León, la pulchra leonina, presume con justicia de una belleza deslumbrante. Su blanquísima mole se alza sobre los tejados de la vieja ciudad como un vigía que fiscalizara los pormenores del bullicio que se despliega a sus pies, y goza del privilegio de haber sido el primer monumento declarado como tal en España. Sus constructores se afanaron en levantar su planta persiguiendo una desmaterialización extrema del arte gótico y en ese empeño acabaron por forjar la magia de un edificio que parece concebido como una mera coartada para la luz (...) Toda esta catedral es una fiesta para los sentidos, empezando por la suntuosa portada principal desde cuyo parteluz nos observa la serena Virgen Blanca y siguiendo por la amplitud de unas naves altas y acogedoras entre las que empieza a correr en primavera una brisa fresca que atempera los rigores de las temperaturas mesetarias. Pero, sobre todo, son dos elementos ajenos a la materia, la luz y el color, los que la atraviesan de punta a punta y le otorgan su valor y su sentido. Esta catedral no es para recogerse. Hay que recorrerla con atención y alegría, y a ser posible en momentos distintos a lo largo de la misma jornada, para admirar en lo que valen el talento y la imaginación de unos arquitectos y unos maestros de obra que dieron con la alquimia propiciatoria de ese milagro que consiste en conferir consistencia a lo etéreo. Tanto apabulla esta catedral, tanto le reconcilia a uno con el mundo, que se sale de ella pensando que la ciudad poco más puede ofrecer (…)

La periodista y escritora madrileña Natividad González Preciado (Nativel Preciado), de ascendencia leonesa, en una novela ambientada en León, relata:

(…) sin saber cómo llego a la catedral aterida de frío (…) todavía no han encendido las luces interiores que iluminan las vidrieras (…) Ya ha anochecido. Franqueo la puerta y me aterrorizan las sombras oscilantes del templo alumbrado tan solo por la luz trémula de las velas. De pronto todo se ilumina como el estallido de una antorcha. En esa orgía de luz, elevo los ojos hacia los rosetones góticos de las vidrieras que parecen gigantescos soles (…)

Por su parte, Maria José Solano, historiadora del arte y periodista cultural expresa el asombro que le produce el entrar en la catedral con sus códigos indescifrables y su inalcanzable simbología.

Entrar en la catedral de León en el siglo XXI, gracias a su misteriosa restauración sigue produciendo la ceguera temporal del que sale por primera vez de la Cueva de Platón. Su arquitectura te obliga no a postrarte de rodillas sino a levantar el rostro al cielo, que es la manera favorita que tienen los dioses de humillar a sus criaturas. El asombro para los visitantes de hoy sigue intacto, pues aunque entendemos la técnica, conocemos la historia, creemos la ciencia y nos comportamos como si estuviéramos a salvo de la fe, hay simbologías que se nos escapan, códigos que somos incapaces de descifrar; los nombres de todos los profetas, el orden de los versículos, los fragmentos bíblicos arrancados en los sucesivos concilios, el significado de los monstruos deformes de los capiteles(...) Y al final en el camino de salida, la escultura emplomada del caleidoscopio advirtiéndonos que a los pies de la cruz de la Iglesia siempre se pone el sol. Por eso la belleza sobrecogedora y magnética del rosetón es también el recuerdo del destino del hombre: las tinieblas del ocaso (...)

Finalmente, el escritor y catedrático universitario Fernando García de Cortázar que visita recientemente la ciudad de León, escribe:

La catedral es la cima de León. Se trata de la más pura de las catedrales góticas de España. Tal vez una de las construcciones más audaces de ese estilo. Y, por descontado la más luminosa, porque es la luz el principal material constructivo que emplearon sus arquitectos, una luz que le es dada, por supuesto, pero de la que el propio tiempo se adueña, haciéndola brotar de la misma piedra, del mismo corazón suyo de piedra. El viajero no conoce otra catedral más esbelta y delicada (...)

(...) El papa Juan XXIII que admiró sus dimensiones y su imponente ingravidez cuando tan sólo era conocido como Ángelo Roncalli, dijo de ella: «Este edificio tiene más cristal que piedra, más luz que cristal y más fe que luz». Y es cierto. La catedral de León —la luz que alumbra sus naves y capillas— te absorbe, te conmueve y provoca algo parecido a volar, anulando parte de tu peso.

Justamente, lo mismo que perciben la mayoría de los viajeros que en este templo han estado, han visto, han sentido y han escrito.

Nota final

La visión de los viajeros sobre la catedral leonesa, contemplada en su conjunto, permite extraer, en síntesis, algunas consideraciones que revelan los aspectos más sobresalientes de un edificio singular, no solo desde el punto de vista arquitectónico sino también como un espacio central en el ámbito político, económico, religioso, social, urbanístico y cultural de la ciudad de León.

En primer término, cabe señalar la práctica unanimidad que concita en los viajeros el templo leonés, por su belleza, singularidad y monumentalidad, con independencia de su procedencia y condiciones personales. Salvo los testimonios del francés Antonio de Lalaing y del británico George Borrow que rebajan su crédito al compararla con otras catedrales nacionales o europeas, la mayoría de los viajeros la consideran como la más bella o una de las más bellas de España y, en algunos casos, incluso del mundo, especialmente en lo que concierne al interior de la misma, a la extraordinaria policromía de sus vidrieras insertas en la levedad de sus muros y a su fulgurante luminosidad. Coherente con lo anterior, una gran parte de los relatos de viajes seleccionados refleja el profundo contraste que le sugiere al viajero el tránsito desde la colegiata románica de San Isidoro a la iglesia catedral. Es decir, el paso de la penumbra a la claridad, del oscuro y reducido recinto monacal a la explosión aérea y vertical de luces y colores infinitos.

El segundo pilar que cohesiona las diferentes miradas de los viajeros sobre la catedral de León surge también de otro gran contraste; el que contrapone la imagen de una ciudad en declive a partir de una continua e intensa pérdida de poder político, económico y administrativo frente a la grandeza permanente de su catedral. Una realidad que se dilata a lo largo del tiempo como puede constatarse en los escritos de viaje de la mayoría de los viajeros, desde los más antiguos a los más contemporáneos.

Finalmente, el tercer elemento de integración de las múltiples perspectivas que ofrecen los viajeros en su visión de la catedral radica en los profundos procesos de reconstrucción y restauración del templo, especialmente intensos en la segunda mitad del siglo XIX, como consecuencia de la declaración de la catedral como Monumento Nacional, el primero de España, en 1844. Los cambios producidos en los numerosos procedimientos de intervención, las disensiones internas entre los responsables de los mismos, los resultados obtenidos y los tensos enfrentamientos existentes entre el cabildo catedralicio y los diferentes arquitectos de turno constituyen también un motivo de interés compartido por una gran parte de los viajeros.

Bibliografía

Bibliografía general

CASADO, C. y CARREIRA, A. (1985). Viajeros por León. León. Santiago García Editor.

ESCUDERO, R. y GARCÍA-PRIETO, J. (1984) Viajes y viajeros por tierras de León. Oviedo.Rigel.

GARCÍA MERCADAL, J. (1999). Viajes de extranjeros por España y Portugal. Valladolid. Junta de Castilla y León.

ORTEGA Y GASSET, J. (1966). Obras completas. Vol. I. Madrid. Revista de Occidente

VORRINGER, W. (1967) La esencia del estilo gótico. Buenos Aires. Nueva Visión.

Bibliografía. Viajeros extranjeros

BARRET, P. (1982). La aventura del Camino de Santiago. Santiago. Edicions Xerais de Galiza.

BEGIN, E. (1852). Voyage pittoresque en Espagne et en Portugal. París. Belin-Leprieur et Menizot.

BERNARD, G. (1894). Quatre ans en exil. Lille. Maison de la Bonne Presse.

COLLINS, W. (1909). Cathedral cities of Spain. New York. Doodd, Mead and Company.

DEGRELLE, L. (1996). Mi Camino de Santiago. Madrid. Barbarroja.

FIGUEIREDO, A. (1923). Espanha. Lisboa. Livrarias Aillaud e Bertrand.

FRANK, H. (1911). Four months a foot in Spain. New York. Garden City Publishing 8 Co.

GADE, J. (1811). Cathedrals of Spain. Boston. Houghton Mifflin Company.

GADOW, H. (2015). Por el norte de España. Torrelavega. Librucos.

GALLOIS, E. (1899). Excursion dans le Peninsule Iberique París. Societé d'editionss cientifiques et literaires.

GARAUDÉ, A. (de). (1852). L'Espagne en 1851. París. Chef. E. Dentin.

GERMOND LAVIGNE (de), A. (1867). Itineraire descriptive, historique et artistique de l'Espagne et du Portugal. París. Hachette.

GODDARD, L. (1877). L'Espagne: moeurs et paysajes, histoires et monuments. Tours. Alfred et fils.

GONZÁLEZ, I. y PÉREZ, P. (2004) Rev. Argutorio, n° 13 «León y Astorga en el libro Old Spain»

HOSKINS, G. (1851). Spain, as it is. Vol. II. London. Colburn and Co.

KERKELING, H. (2016) Bueno, me largo. Barcelona. Penguin Randon House.

LEITH-HAY, A. (1850). A narrative of the peninsular war. London. J. Hearne.

LOMAS, J. (1888). Sketches in Spain. Nature, art and life. London. Longmas, Greem& Co.

MELOT, J. (1936). Astures et Castilles. París. Lethielleux.

MULLINS, E. (2001). The Pilgrinage to Santiago. Oxford. Signal Books.

MUSTOE, A. (2005) Amber, Furs and Cockleshells. London. Virgin Book.

NOOTEBOOM, C. (2018). El desvío a Santiago. Madrid. Debolsillo.

PALMA, J. M. (2016). Por los caminos del reino materno. León. Rimpego.

REBSOMEN, A. (1911). Un pelegrinaje a Saint-Jacques de Compostelle. Bordeaux. Feret&fils.

SAINT-HILAIRE, B. (1893). L` Espagne monumentaire et pittoresque. París. N-D de Lerins.

STARKIE, W. (2010). El camino de Santiago. Palencia. Cálamo.

STREET, G. (1926). La arquitectura gótica en España. Madrid. Saturnino Calleja.

TORGA, M. (1999). Diario VI. Publicacoes. Lisboa. Dom Quixote.

VAN CALOEN, G. (1881). ¡Au delá des monts! Voyage en Espagne. Bruxelles. Alfred Vromant.

VV.AA. (2008). Viajeras extranjeras en Castilla la Vieja y León. S. XIX. Palencia. Región editorial.

VV.AA. (2015). Viajeras extranjeras en Castilla la Vieja y León. 1900-1935. Palencia. Región editorial.

Bibliografía. Viajeros nacionales

AGUIRRE Y ESCALANTE, J. M. (1915). De Castella Vetula. Santander. S. Martínez.

ÁLVAREZ, T. «Don Claudio y las golondrinas de León». Diario de León. 6-IX-2020.

AZORÍN. (1947). Obras Completas. Madrid. Aguilar.

BACARISSE, M. (1929). Mitos. Madrid. Compañía Iberoamericana de Publicaciones.

BARREIRO, M. «Capital del desarraigo». Zenda. 28-V-2018.

BECERRO DE BENGOA, R. (1883). De Palencia a La Coruña. Palencia. Alonso y Z. Menéndez.

CÁCERES, A. (1883). El Vierzo. Madrid. Estudio tipográfico de E. Cuesta.

CALLEJA, S. (1896). Un viaje por España. Madrid. Saturnino Calleja.

CIRIA, J. (de). (1909). Excursiones en la provincia de León. Madrid. Real Sociedad Geográfica.

COROMINAS, P. (1988). Por Castilla adentro. Valladolid. Ámbito.

COTARELO, A. (1921). La enseña radia. Madrid. Librería de la viuda de Pueyo.

ESCUDERO, R. «Las dos visitas de Lorca a León». León. La Nueva Crónica. 12-VIII-2018.

GARCÍA DE CORTÁZAR, F. (2018). Viaje al corazón de España. Madrid. Arzalia.

GARCÍA MERCADAL, J. (1928). El paso de Pajares. Madrid. La novela mundial.

GÓMEZ MORENO, M. (1925). Catálogo monumental de España. Madrid. Ministerio de Instrucción Pública.

GÓMEZ-MORENO, M. E. (1973). La catedral de León. León. Everest.

MACHADO, A. (2005). Obras Completas. Madrid. Rba.

MORALES, A. (de). (1765). Viaje de Ambrosio de Morales. Madrid. Antonio Martín.

MORÁN, G. (1996). Nunca llegaré a Santiago. Madrid. Anaya.

MORENO VILLA, J. (1913). Garba. Madrid. Imprenta de José-F. Zabala.

OLAZÁBAL, T. (de). (1895). Don Jaime en España. Bilbao. La Propaganda.

PARDO BAZÁN, E. (2022). Por la España Pintoresca. León. Rimpego.

PÉREZ NIEVA, A. (1895). Un viaje a Asturias pasando por León. Madrid. Librería de Victoriano Suarez.

PIN Y SOLER, J. (1923). Libro de la Patria. Barcelona. Cervantes.

PONZ, A. (1776). Viaje de España. Madrid. Joachim Ibarra.

PRECIADO, N. (2007). Camino de hierro. Madrid. Espasa Editorial.

QUADRADO, J. M. (1989). Recuerdos y bellezas de España. (León). Valladolid. Ámbito.

RIVERO, N. (1904). Recuerdos de viaje. La Habana. Librería e Imprenta La Moderna.

ROCH, L. (2020). Una visita a León. Valladolid. Maxtor.

RODRÍGUEZ BÚRDALO, J. C. (2007). Los poetas y Dios. León. Diputación de León.

ROSO DE LUNA, M. (1916). El tesoro de los lagos de Somiedo. Madrid. Librería de la Viuda de Pueyo.

RUIBAL, A. (1982). León. Barcelona. Destino.

SALDIVAR, D. «Sobre Gamoneda» El País. 22-VIII-2000.

SÁNCHEZ ROJAS, J. (1919). Paisajes y cosas de Castilla. Madrid. América.

SERNA, V. (de la). (1976). España, compañero. Madrid. Prensa Española.

SICOT, B. (2023). Ecos del exilio. La Coruña. Ediciós do Castro.

SOLANO, M.J. «Las leonas del Grial. Un viaje literario a León». Zenda. 6-VII-2019.

ÚBEDA, F. (de). (2005). La pícara Justina. León. Lobo Sapiens.

UNAMUNO, M. (de). (1997). Obras Completas. Madrid. Fundación José Antonio de Castro.

VALLE-INCLÁN, R. M. (del). (1944). Obras Completas. Madrid. Rivadeneyra.

© de los textos: Javier García-Prieto
© de la edición: EOLAS EDICIONES

Diagramación y cubierta: contactovisual.es
Fotografía de portada: Manuel Martín Martínez

ISBN: 978-84-10057-31-9
Deposito legal: LE 100-2024
Impreso en España - Printed in Spain